周易文化讲论

刘大钧 主编

《周易》与人和之道

杨亚利 著

生活·讀書·新知 三联书店

图书在版编目(CIP)数据

《周易》与人和之道 / 杨亚利著. —北京:生活·读书·
新知三联书店, 2018.5
(周易文化讲论)

ISBN 978 – 7 – 108 – 06210 – 9

Ⅰ.①周… Ⅱ.①杨… Ⅲ.①《周易》– 研究 Ⅳ.
①B221.5

中国版本图书馆 CIP 数据核字(2018)第 022488 号

责任编辑 陈丽军
封面设计 刘　俊
责任印制 黄雪明
出版发行 生活·讀書·新知 三联书店
　　　　 (北京市东城区美术馆东街 22 号)
邮　　编 100010
印　　刷 四川省南方印务有限公司
排　　版 成都勤慧彩色制版印务有限公司
版　　次 2018 年 5 月第 1 版
　　　　 2018 年 5 月第 1 次印刷
开　　本 185 毫米 ×130 毫米　1/32　印张　9.25
字　　数 120 千字
定　　价 35.00 元

总　序

　　一百余年前，以天朝自诩的清朝政府，经鸦片战争至甲午海战，每战必败，接之而来的是割地赔款，签订不平等条约。面对国运多舛、国人受侮，当时先进的知识分子在激愤之下，错误地将矛头对准以儒家为核心的中国传统文化，一时极尽羞辱之能事。如时人吴稚晖提出要把"国故"丢到"茅厕"里，而钱玄同等一众学者要求全面废除汉字。如此种种，千年"斯文"此时似乎真要"扫地"矣。且此种批判风气蔓延至学术研究领域，学者治学也多受此情绪影响，因而失去作为学者对学术研究的客观与公正的态度。以

《周易》为例，为否定孔子与《周易》的关系，对《论语》中孔子"加我数年，五十以学《易》，可以无大过矣"一语，利用《鲁论》之"易"为"亦"字，改句读为"加我数年，五十以学，亦可以无大过矣"，证明孔子与《易》根本没有关系。为证明《周易》晚出，宣称《左传》中的占筮资料是刘歆割裂《师春》插入其中的伪作。20世纪40年代，更有人注疏《周易》经文，对《周易》经文中六十四卦前所标注的六十四卦卦象，对《易传》所云"易者，象也；象也者，像也"等有关易象的重要论述，皆全然不理。在不做任何学理论证的情况下，将由春秋战国延续至两汉魏晋的象数易学研究成果全部弃之不用，而纯以文字训诂解《易》。因为此种解释离开了"观象系辞"的宗旨，且古时字少，一字可与多字通假，因而使其训诂之解变成了一根"点石成金"的魔术棒，如解《易》之"亢龙有悔"为"沆龙有悔"，解"有孚惠心"之"孚"为俘虏等。此种论说早已不是平和客观的研究，更兼之对《周易》

经文常以己意随便改动。古人著书是为存史，今人却如此迂曲以否定之，真可谓"尽不信书则不如无书"也。这些以反传统自居的人，固然以激昂的斗志示人，但其内心，却是作为中国人面对积贫积弱现实的深深的文化自卑。也正是这种文化自卑心理，使当时顶尖级的学者不敢确认中国文化的长度和高度，弃典籍而"疑古过勇"。新文化运动对现代中国的文化转型虽然起到了积极的作用，但在约一个多甲子的时间里，传统文化还是受到很大冲击，尤其是经学研究，多被贴上负面标签，处于文化边缘。

《易传·序卦》曰："物不可以终尽剥，穷上反下，故受之以复。"万事万物在最低潮之时，往往孕育着崛起的曙光。在20世纪最后三十年，传统文化终于迎来了其否泰运转之数。20世纪70年代前后，随着"亚洲四小龙"的崛起，部分国人发现由儒家文化传统一样能开发出现代文明，实现富国强兵。因而由70年代末至80年代，中国传统文化开始复兴，学者们重新认识与评价孔子，开辟学术园地，研究传统经典，在"果行育德"中宣讲中国传统文化。当此"屯起"之时，参与其中的学者们多有"致命遂志"之信念，怀着对传统文化的自觉与自信，承担起学人们的历史使命。在"君子以经纶"的求索中，逐渐有了中国传统文化全面复兴的良好形势。到90年代，随着学术队伍的壮大、民间人士的响应，传统文化的发展成为一种潮流，从20世纪初至六七十年代，一直被不屑、被轻视、被批判的古老"国学"竟重新"流行"！其实，传统文化复兴的根本原因，还是随着改革开放而形成的经济发展与国运昌盛。中华民族在崛起中汲取了传统文化的德性营养，进而随着国力的全面提升，民族自信和文化自信亦一步步恢复，人们对"疑古过勇"者的批判愈加明确，也愈加要求优秀传统文化参与国家和民族的崛起，实现文化层面的民族自信。故近年来传统文化重新走向庙堂，并成为中国特色社会主义文化的源泉，成为中国文化自信的根基。

历经百余年的波折，现在我们对于传统文化，已经有了比较成熟的态度。一方面，传统文化决不可丢弃，而应努力弘扬。《易·贲卦·彖传》云："观乎天文，以察时变；观乎人文，以化成天下。"文化与天下相系，何其重要！而现代文明体系中的民族与国家，也都是以各自文化为根本标志，传统文化是一个国家与民族的灵魂。若我们当真"全盘西化"，抛弃传统，则何以能名为"中国人"与"中华民族"？民国初年部分人的文化自卑心态，其根本原因是出于知识分子对国家贫弱的痛心与激愤，但历史的发展已经澄清，贫弱或富强绝不能简单地与中西文化之优劣画等号。因此，我们应怀着骄傲，确立我们的民族文化自信，更加努力地传承与弘扬优秀传统文化，以助力国家的全面复兴与强大。另一方面，承继传统文化绝不意味着固守。全然守旧的老路是走不通的，对传统文化要进行深入的研究，批判剔除其中的消极内容；同时应着眼现代文明，结合当前现实，努力由"旧识"开出"新知"。《诗·大雅·文王》云："周虽旧邦，其命维新。"冯友兰先生尝引之以期许国家的前途，而此亦是我们对中国传统文化的期许。在传统文化中，《周易》兼有源头与总括的性质。《周易》是中国最古老的典籍之一，它极天地之渊蕴，究人事之终始，开中国文化之源，影响了先秦诸子与历代学术思想。《周易》又是中国文化的最高典籍，两汉时为群经之首，魏晋时为三玄之冠，宋明时为理学之基；迄于近代，亦是中国学术转型的重要根据。近代著名学者，如熊十力、马一浮等先生，俱以大易为最高旨归，而致力于开辟当代新学。《周易》还关涉中国古代的一切文化现象，正如《四库全书总目提要》所总结的："易道广大，无所不包，旁及天文、地理、乐律、兵法、韵学、算术，以逮方外之炉火，皆可援易以为说。"更为突出的是，《周易》文化在海外有很大的影响，如莱布尼茨、荣格等西方学者胥受《易》之影响进而推崇《周易》，而韩国则径取太极八卦之象作为国旗。一言以蔽之，《周易》是中国优秀传统文化中的璀璨代表，在世界文化中占有重要地位，自古至今都有其独特的魅力与重要的影响，我们应下大力气继承与弘扬。

"周易文化讲论"丛书的策划，是受国家汉办前主任许琳的嘱托，她说：一门学问的研究，深入不容易，浅出往往更难，你们能不能用当代人的视角，以显明易懂的文字，对《周易》中当前人们关注的基本精神和核心内容，向读者做一个介绍？为此，经反复讨论，我们既着眼于《周易》文化的传承与弘扬，又针对当下之文化关切，选取了十个主题对《周易》文化进行讲解。"周易文化讲论"丛书包括了三个部分的内容：

第一，总论一讲。"《周易》与中国文化"一题中，作者系统梳理了《周易》的基本精神、核心内容与主要特质；并由《易》与儒释道的关系，确认《周易》在中国传统文化中的重要地位。另外，作者又从中国文化的总体视野入手，简明扼要地介绍了《易》与中医、气功、天文气象、风水术、音乐、兵学、音韵学、数学、炼丹术等传统文化的密切关系，展现了《周易》的文化广度。

由此总论一讲，读者可了解《周易》文化的整体样貌，更可管窥《周易》作为大道之源，对中国传统文化各领域无所不包的全面影响。

第二，跨文化领域五讲。我们选取近年来人们关心的五个主题，以不同文化领域之视角，详说易道之流行。"《周易》与养生"一题中，作者分析了《周易》阴阳、气论、感通等思想对中国养生学的重要影响；并以气功等实际功法为例，具体展现了两者之间的深刻联系。更为重要的是，作者于最后一章论《周易》与哲理养生，根据《周易》中的快乐主义、诗意生活、道德修养等，提出由生命境界的提升、由养神来养生的观点。结合现实来看，随着生活水平提高、人口老龄化加速，当前养生越来越受到国人的重视，运动、食疗等养生方法非常流行；但养生不仅是养身，更是养心、养神，人们往往不太重视生命境界的提升。故本讲所论，哲理养生是中国养生学的根本特色所在，是最重要的养生方法，实极有现实意义。"易学与中国建筑"一题中，作者由中国古代的城市兴建、宫殿建设、礼制建筑、民间建筑、宗教建筑等五种建筑类型，图文并茂地举例，探讨了其中所应用的《周易》之象、数、理等内容。书中所举之例，既包括隋代大兴城、唐代洛阳明堂等仅载于古书的建筑，又有新疆特克斯八卦城、北京故宫等仍保存完好的建筑。通过本书，读者可由《易》之视野，领略到这些建筑不同的魅力。另外，《周易》所论三才之道、天人合一等思维，在当今世界范围内均突显出其价值。故现代建筑学中，也越来越重视以《周易》为代表的传统文化理念。可以预见，《周易》与中国建筑的联系在未来将会更加密切。"《周易》与儒学"一题中，作者详细考辨了孔子读《易》、赞《易》之事；勾勒了儒学与《周易》两者之间相互影响、相辅相成、交相辉映，最后融为一体的历程；同时爬梳了孟子以降的历代儒学与易学之源流。"《周易》与中国文学"一题中，作者首先确认《周易》经传的文学性，确认《周易》本身就是一部优秀的先秦文学作品；进而从文学创作出发，梳理历代文学作品中对《周易》的广泛引用；又从文学批评出发，分析了《周易》哲学对中国文学理论的深刻影响。值得一提的是，作者在当代文学部分，用了相当篇幅介绍金庸武侠小说与《易》的关系。对金庸所用到的武功名称、招式名称、武术思想等，进行了较为细致的分析，揭示了其背后的易学理论。通过对当代流行元素的关切，极大增强了全书的可读性与趣味性。读史释《易》，向来是一个讲《易》的传统命题。"《周易》与史学"一题中，作者一方面由《易》观史，梳理《周易》经传中的历史故事与社会史资料，分析《周易》哲学对中国史学的影响；一方面由史观《易》，梳理史书中的易学资料与易学家，并举例探讨了历代史学大家的史学与易学思想。按易学与史学，自古至今联系密切：在古代突出表现为"以史治易"，古人常常用历史故事来注解《周易》，以参证《易》之思想，故有史事宗之易学；在近现代则突出表现为以《易》治史，一批学者受新史学影响，鼓吹"六经皆史料"，热衷于在《周易》经传中考察古代历史故事与社会史资料，取得了一些成绩。读者通过本书，当可大体了解史学与易学的深厚渊源。

第三，《周易》文化自身四讲。我们选取四个主题，由不同角度，详说《周易》文化自身的丰富内涵。"《周易》智慧"一题中，作者从具体卦爻出发，深入卦爻所象征的宇宙时空之具体情境，揭示个体生命在不同"时"中当效法取用的处世智慧。通过本讲，读者一方面可了解践行这些处世智慧，一方面可学习《周易》经传的解读方法。更为重要的是，作者针对人人皆身处祸福的考验与纠缠之中、关注命运而祈福避祸的现实，撰"吉凶之间求福避祸"一章，介绍《周易》预测吉凶悔吝、指导趋吉避凶的方法，介绍中国古代理性务实、不信仰鬼神的选择，介绍孔子阐发易理、观《周易》德义之道的方向。现实社会中，人们的生活节奏很快，经常身处多种选择、祸福不定的境遇之中，故而热切地希望管窥自己的命运。作者此章所介绍求福避祸、德义之道等关于命运的智慧，对读者思考命运问题、提升自我的生活质量，当有启发意义。"《周易》与人和之道"一题中，作者针对"和谐"的时代主题，由《同人》《睽》两卦，阐发《周易》所揭示的人际和谐之理想和原则；进而由具体的夫妇、父子、朋友、上下之关系入手，阐发《周易》中的和谐智慧。作者尤其详细考察了《周易》关于君民和谐的论述，深度发掘其中的民本思想，颇有新意，且对政治实践有一定的借鉴意义。"《周易》的思维方式"一题中，作者以现代文明与中西比较之视域，贯通《周易》经传，探讨《周易》中的思维方式：从内容上讲，有阴阳和谐、广业利世、应时鼎革等思维；从形式上讲，有形象、运数、直觉、逻辑、辩证等思维。通过"思维"这一当代学术的角度，展现了《周易》文化的鲜明特征和独特魅力，也展现出中国文化的特色。其中，作者探讨广业利世之思维，认为《周易》德与业并提、义与利并重，推崇"修业""广业""大业"，主张"利者，义之和""利物足以和义"。

这对于我们纠正易学史中对广业利世的轻视，全面了解易学思想有一定的价值。"易学简史"一题中，作者以古代易学发展历史为主要线索，对各时期易学的主要派别、人物、学说进行介绍，勾勒出了易学发展的基本轮廓和大致格局。此讲可为读者阅读本套丛书，提供必要的易学基础。总之，《系辞传》赞易"广矣大矣"，由以上十题涉及之内容，亦可见一斑也。

鄙人认为，"周易文化讲论"丛书整体而言有以下几点特色：其一，多能本于新资料，介绍学术前沿，以匡正前人之偏失。如前文提到民国以来否定孔子与《易》之关系的疑古学说影响甚大，故"周易文化讲论"丛书在多处介绍了学界对于孔子与《易》关系问题的新结论。马王堆帛书《易传》的出土为此问题提供了极为珍贵的资料，其《要》篇载有孔子读《易》"居则在席，行则在橐"的情状，显然孔子不可能与《易》无关。在帛书《易传》中，孔子对自己的易学思想有充分的自觉，强调其真正重视的是"观其德义"的道德之途，而与史巫不同；孔子"德义"之途的思想，正与《易传》的主旨一致，故学界多确认《易传》是"孔子及其后学阐释和发挥《周易》古经而成"。这些材料与结论，可直接廓清民国以来否认孔子读《易》赞《易》的疑古风气，对于我们追溯文化脉络、挺立文化自信至关重要。其二，由现代文明之视域，尝试赋予《周易》文化以契合当下现实的解说。如丛书中反复论说《周易》中"德"之重要性，尤其由《中孚》卦、由孚信之义，可见《周易》对为人处世中"诚信"道德的重视。"周易文化讲论"丛书对传统易理的这一解释与强调，实有重要现实意义：市场经济是现代文明的重要特征，改革开放后，在商品经济浪潮中，不少人功利心太过，唯利是图，完全丢掉了诚信观念，丢掉了道德意识，甚至不惜违法。圣人云"君子忧道不忧贫"，真正的君子先存道后谋利，但在我们周围，这样的君子实在太少！我们热切希望读者中能有更多诚信守道之君子，从而扭转当下偏失的社会风气。其三，作为面向大众的文化读物，"周易文化讲论"丛书注意行文之通俗，避免艰涩深奥之辞，以适合文化的普及功用。

总之，本套"周易文化讲论"丛书兼备前沿性、时代性、通俗性等特点，我们希冀其在《周易》与中国传统文化的继承与弘扬方面，能发挥出一定价值。因为《周易》一书中包含的深奥易理和精微哲思，使其成为一部"书不尽言，言不尽意"之书，因而它凭借八卦与六十四卦卦象，"立象以尽意，设卦以尽情伪"。我们这套丛书所展示的，只是近三十余年来人们从现代文化的视角出发，贯通、探讨的《周易》经传中的人生智慧与思维方式。相信再过三十年，乃至一百年、二百年，随着我们生活内容的日益丰富与文化境界的不断提高，人们在岁月的流逝中将通过各种外显的八卦符号与内应的五行生克机理，寻求认识世界与把握世界的新方式。因而，《周易》将成为人们认识与改造世界、丰富自身文化发展的永恒研究母题与研究主题。而类似今日我们阐释

《周易》的这种丛书，今后将被一代又一代的后人不断推出，从而成为人们不断总结过去、改变现在、瞻视未来的创新动力。

本序之作，恰逢党的十九大胜利召开。十九大报告对文化非常重视，提出要"增强文化自信""文化自信是一个国家、一个民族发展中更基本、更深沉、更持久的力量"，要"推动中华优秀传统文化创造性转化、创新性发展"。我们当初设计这套丛书的想法，正响应了十九大报告的新思维，这使我们甚感欣慰，故略呈拙文如上，是以为序。

刘大钧

丁酉年小雪于运乾书斋

目　　录

导　言

　　2014年3月28日习近平总书记在德国科尔伯基金会发表的题为《走和平发展道路是中国人民对实现自身发展目标的自信和自觉》的演讲中指出：

　　有着5000多年历史的中华文明，始终崇尚和平，和平、和睦、和谐的追求深深植根于中华民族的精神世界之中，深深溶化在中国人民的血脉之中。①

在这里，习近平将和平、和睦、和谐定义为中华民族最深沉的精神追求。

习近平总书记于2014年9月24日在纪念孔子诞辰2565周年国际学术研讨会暨国际儒学联合会第五届会员大会开幕会上的讲话对中国传统文化内涵的15点概括中有4点主要出自《周易》：第三点"关于自强不息、厚德载物的思想"，第六点"关于苟日新日日新又日新、革故鼎新、与时俱进的思想"，第十四点"关于中和、泰和"的思想，第十五点"关于安不忘危，存不忘亡，治不忘乱"的思想。习近平总书记在这篇讲话中还说：

这些最基本的文化基因，是中华民族和中国人民在修齐治平、尊时守位、知常达变、

----

① 河北省和谐文化研究会、和文化国际传播中心主办：《中国和学年鉴》2015年专辑，青岛出版社2015年版，第13页。

开物成务、建功立业过程中逐渐形成的有别于其他民族的独特标识。

这句话中的"尊时守位""开物成务"也来自《周易》。习近平总书记在这次讲话中有 5 次涉及《易经》的《乾》卦、《坤》卦、《泰》卦、《屯》卦、《鼎》卦和《易传》。由此可见,《周易》的智慧是中国传统文化基本内涵的核心,最能体现中国传统文化的思维方式和价值观念。

《周易》的《乾》卦、《坤》卦、《屯》卦及其《大象》辞集中表现了中国传统文化的三大特质。

《易经》的《乾》卦及《大象》辞"天行健,君子以自强不息",集中体现了中国传统文化的刚健特质;《易经》的《坤》卦及《大象》辞"地势坤,君子以厚德载物",集中体现了中国传统文化的贵和特质;《易经》的《屯》卦及《大象》辞"云雷,屯,君子以经纶",集中体现了中国传统文化的经世特质。

2015 年 4 月 8 日，《光明日报》发表题为《李克强与文史馆员谈文论道》的文章，记叙了李克强总理的看法：

> 包括《易经》里面说"厚德载物"，我们现在的解释是说，要用仁厚之心待人接物。但其实你看《易经》里面的原话："地势坤，君子以厚德载物。"这其实包含着一种"大同"思想。王弼在《易经集注》里面说："地形不顺，地势顺。"地上有山山水水，人间有三教九流，怎么对待？还是对所有人尽可能地"厚德载物"。

这个见解十分精辟。"厚德载物"的厚德就是要厚道，要包容。

《易经》的《乾》卦代表天，《坤》卦象征地。地，代表万物之母，宽厚而包容。这句话是说，大地的气势厚实和顺，君子因此增厚美德、容载万物。《周易》提倡人应当效法广袤大地有容

4

乃大的宽厚包容、和而不同、和实生物精神。这句话讲的宽容精神，就内在地包涵了"和"的内涵、"和"的理念，是主张"和"，重视"和"的。

那么，什么是"和谐"呢？和谐，指的是人与自然、人与人、人与社会的相互依存、协调共进的良好状态。从哲理上讲，"和谐"是矛盾同一性的表现形式之一，是表示事物发展的协调性、一致性、平衡性、完整性和合乎规律性的哲学范畴。中国传统文化的一个重要特质就是注重和谐，即"贵和"。

北京故宫在贯通南北的中轴线上有三大殿以"和"命名：太和殿、保和殿、中和殿。"太和"是最高的和谐，"中和"是阴阳相互协调产生的和谐，"保和"就是有不和谐的时候，进行一种管理协调使它和谐。

除此以外，北京以"和"命名的还有永和宫、体和殿、太和门等建筑以及颐和园、雍和宫等名胜。这些名称体现了古代封建统治者对"和"观念的重视。

《周易》的和谐价值观是社会主义核心价值观建设的重要思想资源宝库。那么,《周易》的人和之道是什么呢? 所谓人和,就是指人与人之间和谐,人与人之间相互理解、相互调适的最佳行为状态。《周易》的《家人·彖》曰:

> 父父,子子,兄兄,弟弟,夫夫,妇妇,
> 而家道正。正家,天下定矣。

意思是说,父亲按父亲应有的样子去做,儿子按儿子应有的样子去做,兄按兄应有的样子去做,弟按弟应有的样子去做,丈夫按丈夫应有的样子去做,妻子按妻子应有的样子去做,立家之道就能端正。家道端正了,天下也就安定了。这应该是《周易》人和之道的总体思路。

第一章　大同与合睽

《周易》关于人与人和谐的最高理想和基本原则集中体现在《同人》《睽》两卦中。

一、大同——《周易》关于人际和谐的最高理想

《周易·同人》提出了人与人之间和谐的最高理想是"同人于野"的大同境界。《周易·同人》卦辞曰：

同人于野，亨，利涉大川。

这句话的意思是说在旷野之地与别人相同。之所以强调在旷野之地，是因为旷野之地广阔无边，没有阻隔，象征人与人相和之时心胸的宽广、无私。

8

《同人》卦的"同人"指与别人相同，这种相同，包括心意相同、行为一致的内容。《同人》卦下离上乾（☲），离为火，火性炎上；乾为天，天在地上。就其向上的一面来说，离和乾是一致的。另外，六二是《同人》卦唯一的阴爻，也是《同人》卦的主爻，六二阴爻与九五阳爻正相应和。正因为《同人》卦的卦画结构有一致、相同、应合等意义，所以此卦意味着与别人心意、行为相同。与别人在心意、行为等方面相同，大家就能同心同德，团结一致，所以预示着亨通，有利于渡大河。

《同人》卦卦辞"同人于野"是讲天下为公的社会理想。对大同之世，《同人》卦提出了如下的看法：没有家庭门内之和，难以和同于人。"同人于野"是《同人》所提倡的最佳沟通方式。从由近及远的空间角度看，乡、邑、郊、野的空间，无边无际，超越了当时"国"的界限，与后人说的"五湖四海"相似。人与人之间的思想沟通，增进了解，不仅要在同学之间、同乡之间进行，更要在远方的人、本来不相识的人之间进行。倘若与远方的人能沟通思想，相互理解，获得支持和帮助，形成"四海之内皆兄弟"的氛围，那么人生之路就会很畅通，任何艰难险阻也都能克服。

《同人》卦的"同人于野"这一宗旨，与儒家的大同理想亦存在内在联系。《礼记·礼运》篇说："大道之行也，天下为公，选贤与能，讲信修睦。""不独亲其亲，不独子其子。"正是《同人》卦中与他人心意、行为相同的核心内容。

需要指出的是，《同人》卦所说的与他人心意、行为相同，不是毫无原则地赞同、应和别人，不是盲目的为同而同，而是在正义前提下的相同，卦辞中的"利君子贞"，就指明了这一点。《论语

·子路》中说：

> 君子和而不同，小人同而不和。

即君子追求和谐而不是完全相同，小人追求完全相同而不是和谐，可谓对"同人"之义的极好注脚，也是我们在理解"同人"之义时必须把握的原则。

二、合睽——《周易》关于人际和谐的基本原则

　　《周易》的《同人》卦和《睽》卦揭示了人与人之间和谐的基本原则是求同存异、和一不争。《同人·大象传》中的"君子以类族辨物"与《睽·大象传》中的"君子以同而异"，就表达了这样的思想：区分辨别群体及各种事物，要审异求同；在事物的处理上，要重视大同，不可计较

小异。《同人》卦意在"和同"，强调在异中求同。

《同人》卦六爻（䷌），经历了由同到异，再由异到同的过程。初九、六二两爻，"同人于门""同人于宗"，讲的都是同；九三、九四两爻"伏戎于莽""乘其墉"，讲的是不同与争斗；九五、上九两爻"同人""同人于郊"，讲的又是同。同是会同、和同；也做人同，即团结人。《同人》卦说明人是在交往中具有和谐求同的愿望，引申出求大同存小异，突破闭塞世界，促进大同的意义。

《同人》卦的卦形是下离上乾。下离为火为明，上乾为天为日，火性炎上，与天亲和，所以《象》说："天与火，同人。"《周易集解》[①] 引《九家易》曰：

　　谓乾舍于离，同而为日。天日同明，以照于下，君子则之，上下同心，故曰"同

---

① （唐）李鼎祚撰，王丰点校：《周易集解》，中华书局 2016 年版，第 106 页。

人"。

也就是说，上乾之日，明照白昼；下离之火，烛照于天如火辉映，普照天下。仁人君子，亦当则天之象，效天之为，上下同心协力。如要"同人于野"，首先要破除狭隘的门户之见。

　　《同人·初九》曰："同人于门，无咎。"
　　《象》曰："出门同人，又谁咎也。"

初九为《同人》卦第一爻。阳爻阳位得正，象征刚毅，表示与人交往的公正与广阔。门为家门、门户，在这里，门之意为门外而非门内。"同人于门"，是说走出门外，打破门户之见与人交往。而这样的交往，在《周易》看来是值得提倡的，是没有什么不好的。原因在于，在一家内部，在一小团体内部，谋求小范围的和同、协调，是比较容易的。而且，在以家庭为基本细胞的社会里，人们也很容易形成门户之见，往往站在一家一户的立场上来观察、处理问题。而社会事务、公共事业是纷繁复杂的，它所涉及的是各方面的关系。要协调好这种关系，如果抱着门户之见的话，肯定是无济于事的。只有破除门户之见，保持开放、开阔的胸襟，才能得到广泛的协调、和同与团结。相反，拉帮结派，只谋求小团体自身的利益，而置他人与社会于不顾，是不值得提倡的歪门邪道。

《同人·六二》曰："同人于宗，吝。"

《象》曰："同人于宗，吝道也。"

宗指宗族，可引申为宗派。六二之爻，阴居阴位，既中且正，又与九五阴阳相应，本来是吉象。但从整个卦象来看，全卦五阳都企图与一阴（六二）相和同，但由于所处时、位不同，效果亦各异。六二处于下离的中位，是全卦唯一的阴爻，作为成卦之主，是上下五爻向往的中心。而六二却不顾这一切，置初九、九三、九四及上九于不顾，一味只与关系密切的九五尊者相和同。其所和同甚是狭隘，所以这种和同只是"同人于宗"之同。这种狭隘的"同人于宗"的和同，必然会使人心胸狭窄，目光短浅，以至任人唯亲。而这样做，必然会使自己陷入孤立无援的境地，其事业自然也不会得到健康发展，所以说："同人于宗，吝道也。"与人和睦相处，必须破除狭隘的宗派利益和宗派偏见，这一思想在《涣》（☴☵）卦中也有所表现。

14

涣的本义是离散、释放。《序卦》说："涣者离也。"《涣·六四》曰："涣其群，元吉；涣有丘，匪夷所思。"群者，众也，这里指的是人群中的小团体和朋党之类。丘，山丘。北宋哲学家程颐说："丘，聚之大也。"① 爻辞的意思是说，涣散私心结聚的朋党或小团体，至善大吉；而通过涣散小宗派而聚合成山丘般高大而公正的大群落，其功德之大，实在不是平常之人所能想象的。

从爻象上看，六四已脱出下卦的坎陷之外，

---

① （宋）程颐撰，王孝鱼点校：《周易程氏传》，中华书局 2011 年版，第 337 页。

入于上卦济涣的君子队伍之中，其功德已隐然可见。六四阴居阴位得正，上承阳刚中正之九五，阴阳相和出于理之自然，又下无其私位，可见其公无私，是群而不党的济涣君子。而其"涣其群"，去其私，涣散朋党，合小以为大，合大以为一，利于整体的团结与进步，所以《象》赞其"元吉，光大也"。这里《周易》把解散私党、消除派系看作光明正大的举动，表明了古代人对结党营私、拉帮结派的深恶痛绝和对无私为公、消除派性的愿望。懂得并运用这个道理，对于协调好人与人之间的关系，搞好大团结，是很有意义的。

与《同人》卦角度不同，《睽》卦（䷥）意在"合睽"，强调同中存异。睽是违背、不相合的意思。《睽》卦（䷥）上离下兑，离为火，兑为泽，火性上炎，泽水下流，两者的性质相反，所以睽有违背、不相合之义。纵观《睽》卦六爻爻辞，可以发现一个明显的特点，就是虽然每一爻的具体情况各不相同，最后却不是"无咎"就是

"有终"或"吉"。这说明,事物之间不管如何乖离、相背,最后一定会走向融合、和谐。《彖传》曰:

> 睽,火动而上,泽动而下,二女同居,其志不同行。说而丽乎明,柔进而上行,得中而应乎刚,是以"小事吉"。天地睽而其事同也,男女睽而其志通也,万物睽而其事类也。睽之时用大矣哉。

《彖传》这段话有三方面意思:

一是以《睽》卦的卦画结构为依据,解释睽的意思。《彖传》认为,《睽》上离下兑,离为火,兑为泽,象征火焰跃动于上,泽水流动于下;离为中女,兑为少女,《睽》卦又是两女同处,但心志各不相同。因为《睽》的卦画结构象征上下之间性质相反、心意不同,所以睽有违背不相合的意思。

二是解释卦辞"小事吉"。《彖传》认为,《睽》卦下兑上离,兑为悦,离为明,象征和悦地依附光明；阴爻从六三上升至六五，六五阴爻又居上卦之中位，与居下卦之中位的九二阳爻相应和，好比阴柔者的地位不断上升，且与阳刚者心意相通。正因为《睽》卦有上述特性，所以预示小事情吉利。

为什么只有小事情吉利，而不是大事情吉利或所有的事情都吉利呢？这是因为六五阴爻居于阳位，居位不正；加上六五在上而九二在下，象征阴柔在上而阳刚在下，有违阳尊阴卑之道。

三是深入揭示睽即乖违所蕴涵的意义。《象传》认为，在表面来看，事物之间的相异、不同是不好的，正如水与火的性质不同，则不能相容；人与人之间的志向不同，则不能共事。但是，这是问题的一个方面，这些不同背后却又包含着相同，如天和地不同，但从化育万物这个角度来看，两者是相同的；男和女不同，但从互相需要、生育后代的角度来看，他们又是一样的；万物各有其不同的性质，但从本质上来说，它们都是物，这一点又是相同的。因此，《象传》最后指出：认识到乖违在不同时候的作用，其意义是十分巨大的。

《象传》由《睽》卦上离下兑象征"上火下泽"，推出君子应"同而异"。"同而异"只能是指一个共同体中相同事物中的不同。据传，上古时期，神农氏（三皇之一）为了解除人们因疾病遭受的痛苦，亲口品尝各种草药，以区别它们不同的性质和功效，此为其同；它们对疾病所产生的不同治疗效果，此为其异。神农氏尝药辨性，是"同而异"的典型例子。

《易传》所说的"睽"的人文意义，不仅指乖离，而且指和合，是乖离与和合的统一。《睽》卦揭示这个世界既一分为二，又合二而一；既是乖违悖离的，又是和合悦丽的；既是睽恶的，又是和善的。《睽》卦揭示了同中存异的道理。

《睽》卦的卦象说明人世间天地万物，虽然形态、性质各异，但却都存在着同一性，即万物无不异中有同，这是万物之所以在一定条件下得以沟通的原因。既然万物客观上如此，那么，人们就理应顺应这种情势，同中存异，以求得人与人之间关系的协调、和同。显然，这里把协调人与人之间的可能性和现实性都揭示出来了。它告诉人们，人世间需要协调，协调才能使人与人处于一种和谐、稳定的社会关系中，才能使人们相亲相爱、团结互助，享受安逸、稳定、快乐的生活。它告诉人们，世界可以做到协调，因为万物异中有同，存在着协调的客观条件和可能性，只要人们努力争取，就可以达到目的。

懂得并掌握这个道理是很有意义的，由于人们所处的地位、所从事的工作、所受的教育以及经历等的不同，因而存在着种种差别是自然而然的，但是，不管人们之间的差别多大，也存在着相同之处，即异中有同。所以，就不应该只看到差别而否定协调与和同的必然性与可能性，而应该积极、主动地做工作，异中求同，以促成人们之间的协调、合作、团结。

《睽》卦不仅揭示了为什么要"合睽""同中存异"，而且把"合睽"看作是一个动态的过程，告诉我们怎样"合睽",怎样异中求同。《睽·九四》曰:"睽孤,遇元夫,交孚,厉,'无咎'。"《象》曰:"'交孚''无咎',志行也。"就是说,乖违孤独,遇见一位大夫,互相信任,有危险,但最终没有灾殃。《象传》说:"互相信任"而"没有灾殃",是因为志向得到了实行。这一爻旨在说明,互信是异中求同的根本。这一道理告诉人们,在协调人事关系时,尤其是当协调看来不大好处的关系时,只要拿出诚信的态度,彼此以诚相见,就能达到目的。

《睽·上九》曰:"睽孤,见豕负涂,载鬼一车,先张之弧,后说之弧。匪寇婚媾。往遇雨则吉。"《象》曰:"'遇雨'之'吉',群疑亡也。"就是说,乖违孤独,看见一头背上满是污泥的猪,又看见一辆满载鬼怪的车,一开始拉弓欲射,后来松开弓。原来他们不是强盗,而是为婚姻之事而来。前往时碰到下雨则吉祥。《象传》说:"碰到下雨"而"吉祥",是因为此时所有的疑虑都消失了。这一爻旨在指出怀疑的可怕,告诫人们要异中求同，就必须去掉不必要的疑心。

《睽·九二》曰："遇主于巷，无咎。"《象》曰："遇主于巷，未失道也。"意思是说，在巷中遇见主人，没有灾殃。《象传》说："在巷中遇见主人"，说明九二没有违背正道。这里旨在说明，在危险时刻，唯有彼此相救，才不至遗憾终身。协调、团结是需要诚信的。是否诚信，关键是在危急时刻的表现。一到危急时刻，各不相顾，或只求他人救助自己，而不愿舍身救他人，都是不可能搞好与他人关系的。平时互相关照、支持，危急时互相救援、帮助，这是协调好人事关系、搞好团结的一个重要原则。

纵观《睽》卦六爻爻辞，可以发现一个明显的特点，就是虽然每一爻的具体情况各不相同，最后却不是"无咎"，就是"有终"或"吉"。这说明，事物之间不管乖离、相背，最后一定走向融合、和谐。

现在，我们再来分析睽卦（䷥）的卦画结构。从爻位说来看，初九和九四，因为都是阳爻，阴阳不调，所以是"睽"。但是九二爻与六五爻，六三爻与上九爻，因为依次是阳爻对阴爻、阴爻对阳爻，所以都是"应"，也就是相合的关系。这就是说，整个《睽》卦的卦画，已经揭示了世界万物之间既睽又合的关系。

综上，我们就会发现《易经》的《同人》卦和《睽》卦从不同的角度讲了同样的道理：在社会生活中，人与人的交往只有求同存异，才能促进人际关系的和谐，而这与孔子"和而不同"的思想又是一致的。但不容忽视的是，这种和谐是在人际关系的矛盾中不断地调节出来的，是一个动态的过程，而不是现有、既成的状态。对于《易》象内部所综合的阴阳相对的特点，北宋学者张载曾作了颇为精到的解释：

　　　　有象斯有对，对必反其为。有反斯有仇，仇必和而解。①

----

① （宋）张载撰，章锡琛点校：《正蒙·太和篇》，《张载集》，中华书局1978年版，第10页。

张载像

也就是说，只要有象就必定有一个东西与它相对，凡是相对的事物，它的行为方式必然是相反的，免不了有矛盾、有冲突、有斗争。如果出现了这种情况，最后解决的方法一定要和，不能让矛盾冲突扩大。在张载看来，也只有用和谐的方法消除矛盾、解决矛盾，才能使事物向一个更新的方面发展。这一思想源于《周易》和一不争的思想。

《周易》的《讼》卦提出了息讼免争的思想。

虽然人与人的和谐是人与人相互理解、相互调适的良好行为状态，但并非普遍地显现出来，现实社会中人与人之间的矛盾反而是常态，与人争辩是非曲直而待人裁决，发展到一定程度，诉讼就纷纷而起。《周易》中有《讼》卦，但全卦的核心思想并不是教人争讼，反以不争讼为高，争讼纵然取得胜诉，仍不免遭受"终朝三褫"① 之辱。《讼》卦极为重视"讼"的化解，《讼·象传》认为"君子以作事谋始"，提出了防"讼"于未萌的观点，反映了古人追求人际和谐、息讼免争的思想。

六尺巷的故事

　　清康熙年间，张英在朝廷当文华殿大学士、礼部尚书。老家桐城的老宅与吴家为邻，两家府邸之间有块空地，供人们来往交通。

---

　　① 《易·讼上九》"或锡（xī）之鞶（pán）带，终朝三褫（chǐ）之"。锡，指赐予、赏赐。鞶带，古代的一种腰带，用皮革制成。这里代指级别较高的官服。终朝：一天之内。褫：剥夺。

后来邻居吴家建房，要占用这个通道。在这期间，张家人写了一封信，给在北京当大官的张英，要求张英出面干涉此事。张英收到信件后给家里回信："一纸书信只为墙，让他三尺又何妨。万里长城今犹在，不见当年秦始皇。"家人得书，遂撤让三尺。吴氏闻之，亦退让三尺，故六尺巷得其名，后世传为美谈。如今，在安徽桐城市的西南一隅，依然有一条保存完好、长100米、宽2米的巷道，人称六尺巷。①

综上所述，《周易》的《同人》卦提出的"同人于野"的大同思想是人与人和谐的最高理想，而《同人》《睽》二卦各从异中求同、同中存异的不同角度提出的求同存异、和一不争的思想，是处理社会上人与人之间的关系，使之和谐的基本原则。

---

① 史料引自清人姚永朴《旧闻随笔》和《桐城县志略》等。

第二章 《周易》的夫妇和谐之道

一、《周易》为什么看重夫妇之道

《周易》非常重视夫妇之道。所谓夫妇之道就是讲怎样做男人、怎样做女人以及男女之间的关系，包括恋爱、婚姻、家庭诸方面问题。

首先，从六十四卦的卦序来看。《易经》六十四卦的排列有一个内在的逻辑结构，反映了人们对世界人生的认识过程。上经始于乾坤，终于坎离，象征自然界的形成和发展。下经将代表夫妇之道的咸恒二卦列为首位，代表人类社会的形成和发展。

其次，从六十四卦的内容来看。《易经》六十四卦中至少有九个卦与夫妇之道有关：第一卦《乾》卦讲阳刚，第二卦《坤》卦讲阴柔，第二十三卦《剥》卦讲阴盛阳衰，第三十一卦《咸》卦讲男女初试，第三十二卦《恒》卦讲天长地久，第三十七卦《家人》卦讲家庭亲人，第三十四卦《姤》卦讲缘分、邂逅（不期而遇），第五十三卦《渐》卦讲婚姻要循礼，第五十四卦《归妹》卦讲归宿。

《周易》阐发了夫妇之道的重要性。《序卦》说：

有天地然后有万物，有万物然后有男女，有男女然后有夫妇，有夫妇然后有父子，有父子然后有君臣，有君臣然后有上下，有上下然后礼义有所错。

人伦开端于夫妇之道，有了夫妇就有了父子之亲，有父子之亲就有君臣之义，有君臣之义就有尊卑等级秩序，也就是礼义有所措置了。这是由家而推国。由家及国，是古代"家国一体"宗法制度的反映。同时，这也反映出古代人们十分重视家庭伦理，可以看出家庭伦理的源头。

《周易》认为，夫妇之道，也就是人的婚姻与家庭关系的产生，是人类社会真正从自然界分离出来的开始，是人类文明得以形成的前提和基础。在《易传》看来，人类历史的起源不只是表现于人与天的分别以及男与女的分别，更为重要的还在于夫妇之道的确立。夫妇之道的确立标志着人类已经告别了群婚杂处、只识其母不知其父的蒙昧时代而进入婚姻家族的文明社会。正因为有了夫妇之道的伦理关系，才有了人类社会的父子之别、兄弟姊妹之别、君臣上下之别，而这种人伦之分正是在夫妇之道的基础上确立起来的。可见，夫妇之伦是全部人类关系的基础。事实上，夫妇之道的确立，是人类社会由蒙昧步入文明的重要标志，从此，也就开始了真正意义上的人类历史。而唯有夫妇之道的确立，才有了人的社会角色以及人的社会职责的定位，人类才开始了各安其位、各守其职、各尽其责的社会生活。

绘有伏羲女娲交合形象的清代瓷瓶

从此，也才有了人类认知自身、认识社会的人类社会历史。《周易》对夫妇之道的重要性的认识，和儒家另一重要经典《中庸》所言"君子之道，造端乎夫妇"是一致的。

二、《周易》夫妇之道礼、通、久、和的四大原则

　　那么，什么是《周易》的夫妇之道呢？从《周易》中可以发现一个关于婚姻家庭的观念体系。从纵向看，《周易》有关夫妇之道的九个卦描述了男女恋爱结婚、婚后夫妇生活的整个过程，折射出了古代社会的婚姻家庭制度、观念、礼仪和习俗。从横向看，《周易》揭示了夫妇之道的四大原则：

　　礼——主要体现在《乾》《坤》两卦阳尊阴卑的总体定位和《渐》卦中。

　　通——主要体现在《咸》《归妹》卦中。

　　久——主要体现在《恒》卦中。

　　和——主要体现在《家人》卦中。

　　《周易》关于夫妇之道礼、通、久、和的四大原则奠定了中国古代婚姻家庭文化的基本格局。

《周易》在夫妇之道中为什么首先提出礼的原则呢?《周易》夫妇之道的总体定位是男尊女卑。《系辞传》曰:

　　　　天尊地卑,乾坤定矣。
　　　　乾道成男,坤道成女。

这是以天地自然法则引申出人事的道理。以乾对应天、君、父、男、夫等阳性的人或事物,坤对应地、臣、子、女、妇等阴性的人或事物,并认为二者的关系是阳尊阴卑,具体到夫妇之道就是男尊女卑,以此为基础演化出"夫为妻纲"的封建礼教传统。这是应该批判的。

　　　由于《周易》夫妇之道礼教思想的影响,产生了一些要求女子严守妇道,保持贞淑,而对男子没有要求的偏见。如《姤》卦卦辞:"女壮,勿用取女。"姤上乾下巽(☴),只有初爻是阴爻,是一阴敌五阳之象,表示女性非常强盛,胜过男人。古代以柔弱为美,因此认为这样的女子就不适合做妻子，所以说"勿用取女"，这是典型的扶阳抑阴的男权思想。再如《屯·六二》："女子贞不字，十年乃字。"这个女子坚守贞操，十年才出嫁缔结良缘。而《渐·九三》说："鸿渐于陆。夫征不复，妇孕不育，凶。"《象》曰："夫征不复，离群丑也。妇孕不育，失其道也。"丈夫出征不在家，妻子在家失贞怀孕，这是不好的凶事。这反映了封建礼制对妇女的禁锢。再如《归妹·九二》："眇能视，利幽人之贞。"南宋哲学家朱熹解释说：

> 九二阳刚得中，女之贤也。上有正应，而反阴柔不正，乃女贤而配不良。①

九二嫁了个不好的丈夫还要求她守贞操，守阴柔之道，不能乘刚，否则凶，所以《象》说："'无攸利'，柔乘刚也。"

---

① （宋）朱熹撰，廖明春点校：《周易本义》，中华书局 2009 年版，第 193 页。

朱熹像

　　然而《周易》认为男人纳妾、一夫多妻是正
当的。

　　　《归妹·初九》："归妹以娣，跛能履，
征吉。"
　　　《象》曰："归妹以娣，以恒也，跛能履
吉，相承也。"

古代以妹妹做了侧室，像跛足往前行走，但是能获得吉利，因为虽然是侧室还能正道奉承丈夫。这反映了古代婚姻制度不合理的一面。再如《恒·六五》："恒其德，贞妇人吉，夫子凶。"恒久保持中正之德，妇女就会获得吉利，但男人不行。《象》曰："妇人贞吉，从一而终也。夫子制义，从妇凶也。"妇女吉利是因为从一而终，而男人处事必须因时制宜，像女人一样柔顺就会面临凶险。这里强调了妇女要守持正道，要有恒久的德操，而对男人却不这样要求，带有明显的夫权思想。

对礼制的尊卑等级观念要否定，但其中也有一些合理的东西如必要的礼仪、礼节却不可丢。《渐》卦卦辞曰："女归吉，利贞。""归"即女子出嫁之称。《渐》以渐进象征女子出嫁要循礼渐进，守正就吉利。唐代经学家孔颖达说：

> 归，嫁也，女人生有外成之义，以夫为家，故"嫁"曰"归"也。妇人之嫁，备礼乃动，故渐之所施，吉在女嫁。

女归有渐，得礼之正，故曰"利贞"也。[①]

古代婚姻礼节繁多，但也反映出对缔结婚姻的重视。据《仪礼·士婚礼》载要经过纳采、问名、纳吉、纳征、请期、亲迎六个阶段，才能把女子迎请回家。《渐》卦六爻爻辞朴实地反映了当时的迎亲盛况，表明对婚姻的重视。

孔颖达像

① （唐）孔颖达撰：《周易正义》，李学勤主编：《十三经注疏》（标点本），北京大学出版社1999年版，第216页。

女子出嫁循礼渐进的过程表现了和谐的精神。《渐》卦告诉我们对婚姻要重视，要慎重，要符合礼制，符合伦理。季羡林先生在《略说中国传统文化及其特点》一文中指出：

> 中国人了不起，在中国人眼中，人跟宇宙合二为一（这是我这几年宣传的人与大自然和谐），男女谈情说爱，相互彬彬有礼，那么和谐和睦，这个境界西方没有。①

因此，我们对《周易》夫妇之道中的男尊女卑思想应予剔除，保留和发扬的应是充满和谐精神的礼节、礼仪、礼敬。

举案齐眉的故事

据《后汉书·梁鸿传》载，梁鸿成为著名的学者以后，娶邻居女子孟光为妻，先隐

---

① 见季羡林著：《三十年河东，三十年河西》，当代中国出版社 2006 年版，第 42 页。

居在霸陵的深山里面，丈夫耕地，妻子织布，有空就一起读书弹琴，过着幸福的生活。后来，他俩又搬到吴地，住在朋友家里。梁鸿每次干活归来，妻子给他送饭，总是双手捧着盛食物的木盘（案），举得和眉毛一样高递给他，表现出十分诚挚和崇敬的样子。

其次，《周易》在夫妇之道中提出通的原则。所谓通，就是表示婚姻要以爱情为基础。《周易》的这个原则集中表现在《咸》卦中。咸是交互感应的意思。《咸》卦下艮上兑（☱），艮为少男，兑为少女，象征少男少女互相感应。同时，艮为止，有诚笃之义；兑为悦，意为和悦，象征男子欲娶妻安家定居之意；兑为悦，表示女子乐意满足男子的愿望，所以卦辞中说"取女吉"。男女之间和悦地相感应，使阴阳之间得以感通，所以《咸》卦预示亨通。

《咸》卦揭示了男女两情相悦才能结成夫妇的道理，用代表"感应"的《咸》卦代指夫妇之道，是为了告诉读者夫妇之道是不可以不感的。《周易》认为，夫妇之道，也就是婚姻与家庭生活，应该长期稳定不变，并且应该以男女彼此间的感应为基础。《咸》卦卦辞说："亨。利贞，取女吉。"意思是亨通，利于守持正固，娶妻子吉利。这是说《咸》是反映婚姻吉利的卦。孔颖达说：

> "咸"，感也。此卦明人伦之始、夫妇之义，必将须男女共相感应，方成夫妇。①

婚姻中感情是基础，没有两情相悦就不会和睦，家庭也不会稳固。

《象》曰："咸，感也。柔上而刚下，二气感应以相与，止而说，男下女，是以亨，利贞，取女吉也。"兑是阴卦为柔，艮是阳卦为刚，阴阳感应。盈天地之间是阴阳二气，只有二气交感，才

---

① （唐）孔颖达撰：《周易正义》，李学勤主编：《十三经注疏》（标点本），北京大学出版社1999年版，第139页。

能化生万物。《咸》卦之所以是利于结婚的卦，是因为这一卦的卦象是"止而说"，即下卦是代表止、代表少男的艮卦（☶），上卦是代表悦、代表少女的兑卦（☱）。代表少男的艮卦在下，就是所谓"男下女"，表示少男对少女的追求，二者关系已经到了情投意合的程度，下一步就该步入婚姻的殿堂，这是十分自然、顺理成章的结果，当然会是十分顺利的。

从乾父坤母及乾坤六子的观念出发，在六十四卦中，可以理解为男女结合的卦象是很多的。除了乾坤二卦重合组成的《泰》《否》之外，还有代表长男与长女结合的震与巽的组合、代表长男与中女结合的震与艮的组合、代表长男与少女结合的震与兑的组合、代表中男与长女结合的坎与巽的组合、代表少男与长女结合的艮与巽的组合、代表少男与中女结合的艮与离的组合。《周易》的作者偏偏选中少男与少女结合的艮与兑的组合来代表男女间的情感。

"咸，感也"，就是说，《咸》是代表爱情的卦。《咸》卦告诉人们：爱情是婚姻生活中最重要因素，是婚姻的前提和基础。建立在爱情基础上的婚姻生活才长久。《咸》卦六爻则以身体感应设喻，反映男女从认识到热恋的过程："咸其拇"，大脚趾交互感应；"咸其腓"，腿肚子交互感应；"咸其股"，大腿交互感应；"咸其脢"，背脊肉交互感应；"咸其辅颊舌"，面颊、舌头交互感应。

《周易》中的《归妹》卦从反面揭示了夫妇之道通的原则。归妹即嫁女的意思。《归妹》卦（䷵）上震下兑，震为动，为长男；兑为悦，为少女，象征少女欣悦地顺从长男而动，故《归妹》卦意为嫁女。卦辞"征凶，无攸利"，征兆极为不好。在《周易》六十四卦的卦辞中征兆如此不好的，除了《归妹》外，只有《否》卦。《否》卦的卦辞是"不利君子贞，大往小来"。《否》卦为什么会预示不好，是因为《否》卦（䷋）下坤上乾，下阴上阳，地在下，天在上，象征阴阳之气不交。而《归妹》卦（䷵）上震下兑，震为阳卦，兑为阴卦，下阴上阳，也有天地、阴阳之气不交之象。兑为少女，为悦，震为长男，为动。以少女而从长男，匹配不当，婚媾失时，且其卦象还包含着少女主动取悦长男而使其心动之象，与所谓男女居室夫唱妇随之常不合。另外，六爻之中，只有二、五两爻相应，但是虽应而不得其正。故此，《归妹》之卦辞曰："归妹：征凶，无攸利。"征凶，无攸利，都是否定性断语。这表明《周易》对《归妹》这一卦象基本是持否定态度的。

婚姻嫁娶本来是天经地义的事，没有什么不好，问题的关键在于婚姻的当与不当。少女以其美貌取悦长男，长男为少女美貌所动，其男女之情胜过夫妇之义，这样的婚姻，是不可能长期和悦的。所以《象》说："泽上有雷，归妹；君子以永终知敝。"就是说，《归妹》卦下兑上震，兑为泽，震为雷，象征大泽上有雷声震动，这就是《归妹》的卦象。君子观此卦象，从而努力使夫妻关系保持至终。如果夫妻结合，不以其道，或以势合，或以色宠，势尽则情疏，色衰则爱弛，久必弊坏。这样的婚姻，是不好的婚姻。

《归妹·上六》曰：

> 女承筐，无实；士刲羊，无血，无攸利。

刲，宰杀。此卦意思是，女子手里拿着祭祀用的竹筐，但筐中却空无一物；男子宰羊献祭，却未见羊血。这不是好兆头，是很不吉利的。女子承筐，男子杀羊，这是古代婚礼中献祭宗庙的习俗。筐中无实，杀羊无血，说明男女双方对祭祀亦即婚姻缺乏应有的诚意。这样的婚姻，当然是不吉利的。

从《归妹》（䷵）的爻象上看，上六居卦之终，穷极而无所造，下与六三又是阴阳无应。阴虚不正，穷极不中，因而，筐中无实，杀羊无血，由此导致恶果。这一爻从侧面告诉人们，婚姻必须坚持夫妇之道通的原则，不可勉强、凑合，男女双方明知彼此不相应、不相感，缺乏沟通、爱情，而硬要凑合在一起，就不可能有稳固、和谐的婚姻。

第三，《周易》在夫妇之道中提出久的原则。《咸》卦之后，紧接着是《恒》卦（䷟）。《易传·序卦》曰：

> 夫妇之道不可以不久也，故受之以恒。恒者，久也。

恒是恒久的意思。《恒》卦下巽（☴）上震（☳），巽为风，震为雷，象征风在地上吹动，雷在天上震动，这是自然界经常出现的现象，所以《恒》卦有恒久之意。同时，震为长男，巽为长女，长男在上，长女在下，象征男尊女卑，男动于外，女顺于内，这符合中国古代社会的常道，所以也从另一个角度说明《恒》卦有恒久之义。

《恒》卦爻辞从正反两个方面来强调夫妇之道必须坚持恒久的道理。《恒·九三》曰：

> 不恒其德，或承之羞，贞吝。

不能保持中正之德，就要受到羞辱，只有保持正固，才不会悔吝。

《恒·六五》曰：

恒其德，贞，妇人吉，夫子凶。

44

长久保持中正之德，妇女就会获得吉利，但男人并不能免除凶险。《象》曰：

妇人贞吉，从一而终也。夫子制义，从妇凶也。

妇女吉利是因为从一而终，而男人处事必须因时制宜，像女人一样柔顺就会遭遇凶险。这里强调了妇女要守持正道，要有恒久的德操，这对于家庭的稳固非常重要。

代表男女的《乾》《坤》两卦之中，都含有"贞"的内容。专门阐明少男少女婚前恋爱关系的《咸》卦，也谆谆告诫男女交往切忌三心二意、虚伪不诚等不良习气，而应发扬专心一意、坦诚相待的优良风格，故《系辞传》亦云：

> 天下之动，贞夫一者也。

把互相忠贞看作吉祥幸福婚姻的条件之一。因为婚姻的吉祥幸福，全在于夫妇关系之能够保持持久稳定。

糟糠之妻不下堂

汉光武帝的姐姐湖阳公主在守寡，弟弟很关心她，说："你看在群臣之中你喜欢谁，我去帮你说媒。"湖阳公主也是个知书达理的人，她说得很委婉："我看宋弘又有德行，又有修养，又有学问，是其他人比不上的。"皇帝明白姐姐喜欢上宋弘了，但这件事却不好办，因为宋弘是已经有家室的人了。但是皇帝还不甘心，特意把宋弘请了过来。皇帝对宋弘说："我听说一个人有了钱之后就要换朋友，有了官衔地位之后就要换妻室。"宋弘听到这儿马上就说："皇帝呀，我听说的和你听说的不一样，我听说：'贫贱之交不可忘。'在贫贱的时候所结交的朋友，即使以后飞黄腾达了也不能够把他忘记。"这句话一说，就把皇帝的正气提起来了。皇帝从小也是读圣贤书，所以他就说："对呀，贫贱之交不可忘。"宋弘又接着说："'糟糠之妻不下堂'，和我们同甘共苦过的夫人又没有过错，怎么能够无缘无故地把她休掉呢？"这句话说了出来，皇帝知道劝不下去了，就对湖阳公主说："事难办矣。"

在宋代，有一个读书人叫刘庭式，早年就和邻居家的女子订了口头婚约但没有下过聘书，没举行过仪式，就去上太学，五年之后考中了进士。他衣锦还乡才发现这个女子双目失明了，成了盲女。这个女子家的人就说："我们家的孩子已经双目失明了，怎么能做你的正配夫人呢？"刘庭式说："我已经答应了这门婚事，我不能够违背自己的良心，不能够违背自己的承诺。"所以他还是选择了一个良辰吉日把这个女子娶进了门。这个女子被娶进门之后，非常感念刘庭式的这份恩情，所以她给刘庭式生了两个儿子，而且把这两个儿子都教育得很好。后来刘庭式到高密去做通守，就是太守苏轼的副手。做通守期间，他的妻子得病过世了。刘庭式很伤心，痛哭流涕。苏轼就劝导他说："我听说人是因为看到美色才生起情爱，因为情爱才会有悲伤的感觉，而你的妻子，她双目失明，又不是一个美人，你为什么还要哭得这么伤心呢？"结果刘庭式说："我所痛苦的只是因为我丧失了自己的妻子，我并没有想到她是一个盲人。我所痛哭的是因为我丧失了一个曾经和我同甘共苦的妻子。如果说人是因为美色才生起情爱，因为情爱才有哀痛的感受，那你看大街上有很多的妓女，每一天都挥着袖子来勾引你、挑逗你，她们每一个人都可以做你的妻子了吗?"苏轼非常感佩他的德行。刘庭式的两个儿子后来也都读书考中了进士,非常显达。这是结果,原因在哪里呢?原因就是刘庭式的德行感动了他的妻子,所以他的妻子被娶进门之后尽心尽力地相夫教子,把这两个孩子也培养成才。中国历史上,做男人的有恩义、有道义、有情义,做妻子的就会心甘情愿地相夫教子。所以妻子和丈夫是一体的,这就是讲的"夫义妇德"。

最后,《周易》的夫妇之道提出了和的原则。这一原则集中体现在《家人》卦中。《家人》卦形（☲）是下离（☲）上巽（☴）。下离为日、为火,上巽为木、为风,所以称风火家人。孔颖达说:

火出之初,因风方炽,火既炎盛,还复

生风。内外相成，有似家人之义。①

《家人》卦以风火相生相长之象，而喻家庭中父母子女生生不息、相互依赖之理，这正是《周易》的用心所在。

再从卦形上看，下卦（内卦）关键位之六二，阴处阴位而居中得正，上卦（外卦）关键位之九五，阳处阳位居中得正，并且六二与九五阴阳相应，象征女主乎内，男主乎外，女柔男刚，女顺男健，男女和睦相处，相敬互爱。

《周易》专以《家人》卦来探讨家庭问题，对以后的中国社会发生了极其深远的影响。《彖》曰：

> 家人，女正位乎内，男正乎外。男女正，天地之大义也。家人有严君焉，父母之谓也。父父，子子，兄兄，弟弟，夫夫，妇妇，而

---

① （唐）孔颖达撰：《周易正义》，李学勤主编：《十三经注疏》（标点本），北京大学出版社1999年版，第159页。

家道正。正家，而天下定矣。

意思是说，《家人》卦的六二阴爻居下卦之中位，象征女子在家中守正道；九五阳爻居上卦之中位，象征男子在外面守正道。男女都守正道，这是天地间的大原则。家中有威严的君长，就是父亲和母亲，父亲按父亲应有的样子去做，儿子按儿子应有的样子去做，兄按兄应有的样子去做，弟按弟应有的样子去做，丈夫按丈夫应有的样子去做，妻子按妻子应有的样子去做，立家之道就能端正，家道端正了，天下也就安定了。

这句话根据卦爻的爻位提出"男女正"而"家道正"而"天下定"的总体思路，对于家庭内部成员之间的伦理关系有着特殊的规定。

首先，《周易》提出"男女正"使夫妇和谐的观点。《象传》根据爻位来阐释《家人》卦的道理，下卦为内，上卦为外，六二阴爻居正位，象征妻子在家守正道，九五为阳爻居正位，象征丈夫在外行事守正道，而且阴阳二爻互相感应，是夫妇琴瑟和谐的象征。在人类社会诸结构中，家庭结构可谓根本；在家庭的诸多关系中，夫妇关系是根本。《家人·彖传》说：

> 女正位乎内，男正位乎外。

男子正，需要齐家治国平天下的品德；女子正，需要柔顺之德而正内，所以女子只有顺从家庭才能获得吉祥。

《家人》卦辞曰："家人，利女贞。"意思是说，家人，有利于女子占问。对这句话不能全部肯定，也不能全部否定，而要做具体分析。

一方面，"利女贞"确实对女性存有偏见。

《彖传》以"正"解"贞"，再把"女贞"即女子持守臣道作为天地之间的大原则。这是因为，《家人》卦上为九五阳爻，下为六二阴爻，象征阳上阴下，阳尊阴卑，而这正是《周易》认为的天地间的大原则。

《家人·六二》曰：

无攸遂，在中馈，贞吉。

遂为顺遂、成就。中馈，指家庭饮食事宜。这就是说，女子在家其本分就是操持好家务，如此是贞正吉祥的。

从爻象看，六二处下离之中，既中且正。又，离性为明，故具有自知之明，以礼法自恃，一心只干女人本分之事，在家照顾公婆、丈夫、兄弟、孩子的饮食以及处理家务。在《周易》看来，这才是做女人的正道。《象》说：

六二之吉，顺以巽也。

意思是说，六二的吉祥，是由其柔顺温驯得来的。

显然，这种强调女子的柔顺，以持家为女子本分的思想具有宗法农业社会的历史痕迹，已不适合当今社会发展的需要。

另一方面，"利女贞"还有重视妇女的家庭作用，强调夫妇和谐相处的一面。

由于"利女贞"所突出的是女性在家庭中的特殊作用，这句话也可以解释为家庭是女性发挥其作用、才能的最为重要的场所。对于男子来讲，家庭只是他生活的一部分，对于女性来讲，家庭则可能是生活的全部。在古代中国，尤其如此。

另外，对于男主外、女主内也不能一概否定。古人的这一见解反映了古代家庭的实际状况。《家人》卦利于女子守持正道，因为古代是男主外，女主内，妻子在家庭中担负着操持家务、教育子女的任务，所以持家能否守正正是家庭兴旺和睦的关键。男人主外，女人主内，主内的一旦出问题，家庭就必然发生震荡。事实上也是如此。男的在外干得再好，但是内妻不贤，不守本分，乃至胡作非为，那家也是不可能兴旺的。这一道理即使在今天仍具有借鉴意义。

一个家庭，男主外，女主内，夫妇双方各守本分，各尽其职，这样家道必然正，家庭必然兴旺。所以男女（夫妇）双方在家庭内外各守正位，是天经地义的。所谓天经地义，即唯有这样，家才像家。这一见解也是很有道理的。夫妇双方主持一个家庭，有许多事情要做。要把诸事做好，夫妇双方分工协作便非常要紧。男主外、女主内就反映了夫妇既分工又协作的家道，这是夫妇和谐的一个重要方面。这样的家道，在今天仍然具有借鉴意义。

至于夫妇关系和谐方面，《周易》还有许多可贵的见解值得我们重视。在《周易》看来，"内职"即家庭主妇的责任不仅在于理财，同时也在于正确协调、理顺家庭成员之间的关系。《家人·六四》曰："富家，大吉。"爻辞是说，发家致富，大吉大利。从爻象上看，六四爻位已上升到上巽体下。据《说卦》所云，"（巽）为利市三倍"。可见六四精于盘算，在生产与流通中获利三倍，故有所谓家富之吉。另外，六四处上卦之下，阴虚本不富，但六四以阴居柔得正，又在巽体，性顺，故举止得体，下应初九之阳，上顺九五之尊，能够调适好家人之间的关系。这样，全家上下团结一心，努力奋斗。俗话说，"和气生财"，由此"家富"也是理所当然的。

《家人》主要讲妻道的，这里所谓的顺、在位、得体，当然主要是针对妻而言的。清人李光地《周易折中》说：

> 四在他卦，臣道也。在《家人》卦则亦妻道也。夫主教一家者也，妇主养一家者也。老子所谓教父，食母是也。自二至"在中馈"，进而至于四之"富家"，则内职举矣。①

《家人·九五·象》曰："交相爱也。"这是指夫妇和谐。此言六四阴爻上承九五阳爻，得刚柔相济、夫妻相爱之象。夫妇和而家道成，故能增富其家，大为吉祥。

其次，《周易》提出"家道止"使家庭和谐。什么叫"家道正"？《序卦传》说：

---

① （清）李光地撰，刘大钧整理，《周易折中》，巴蜀书社 1998 年版，第 306 页。

> 伤于外者，必反其家，故受之于《家人》。

"家人"，即组成一个家庭的成员必须遵循的家道。要想保持家庭的和谐，就必须建立一个合理正常的家庭秩序。《家人·象传》说：

> 家人有严君焉，父母之谓也。父父，子子，兄兄，弟弟，夫夫，妇妇，而家道正。

这就是说，家庭关系包括父母、父子、夫妇、兄弟等各种亲属关系，家庭中的每一个成员都要按照其在家庭中的角色定位去行事，各尽其道，这样就会家道得正。正如程颐所强调的"家内之道"：

> 父子之亲、夫妇之义、尊尊长幼之序，

正伦理，笃恩义，家人之道也。①

那么，如何实现"家道正"呢？《周易》讲了四个方面的治家道理。

一是要防止邪恶。《家人·初九》曰：

　　闲有家，悔亡。

意思是说，家中有防范，没有令人后悔之事。

初九象征家道初立。初立之家，重在建立秩序，防止邪恶产生。程颐认为：

　　初，家道之始也。闲谓防闲，法度也。治其有家之始，能以法度为之防闲，则不至于悔矣。②

----

① （宋）程颐撰，王孝鱼点校：《周易程氏传》，中华书局 2011 年版，第 207 页。

② （宋）程颐撰，王孝鱼点校：《周易程氏传》，中华书局 2011 年版，第 207 页。

从爻象上看，初九阳爻居阳位，中正而刚健，象征严格而正规的家庭教育。《象》说：

> 闲有家，志未变也。

意思是说，家中有防范，说明初九用心于事情还没有发生变化之前。在一个大家庭中，当家人还没有发生矛盾纠纷时，就应当对家庭成员进行严格的家庭教育，使每个成员都懂得长幼有序、相亲相爱的道理。

这种防患于未然的措施，对于保持家庭的和睦是十分必要的。

二是治家宁严毋宽的道理。《家人·九三》曰：

> 家人嗃（hè）嗃，悔厉，吉；妇子嘻嘻，终吝。

这里涉及治家宽严及其产生的不同结果。嗃嗃，众口怨尤之声。嘻嘻，骄逸笑闹之音。爻辞是说，家人苦于家法之严，哀怨不断，这样虽有一时的怨尤与疾痛，但最终会导致吉祥，而如果家法松弛，放纵家人使之骄奢淫逸，妻子儿女不知礼法，整天戏笑嬉闹，结果难免会发生有辱家门的灾祸。如果说初九是家道之始，九三则已呈聚道有成之象。成家已久，子女众多，故爻有"妇子"之喻。

从爻象上来看，九三虽位处阳刚得正，但已过中，而上又无应；且三与二、四互卦为坎，坎有险之象，故爻象中潜伏了嗃嗃之悔厉。但九三居下离之上，为明之极，明则察远而暂有悔厉，而终至吉祥。所以《象》说：

家人嗃嗃，未失也；妇子嘻嘻，失家节也。

家有节、有秩序，则吉；无节、无秩序，则凶。从这一爻可以看到，我国古人对于治家宽严的基本态度是宁严毋宽。这固然是说父母教育子女应该严正，但也并非要求子女对父母必须绝对服从，而是父母对子女恩威并施，更应重视德化和身教的作用。

清代任颐绘制的《丹桂五枝芳图》，描绘了窦燕山教育他的五个儿子的情形

三是家长治家要反身修德，以身作则、以德感人。《家人·九五》曰：

王假有家，勿恤，吉。

这一条可以看作是对家长提出的要求。假，通"格"，即感染、感动，以身作则。这就是说，家长要以美德感染他的家庭成员，并能做到以身作则，无须忧虑，这样的家庭便会吉祥。

从爻象上说，九五阳刚处中得正居君位，是一卦之主，下与六二阴阳相应，以中正之尊，正己正人。家人受其所感，都能和睦相处、相亲相爱。所以，《象》说："王假有庙，交相爱也。"《家人·上九》曰：

> 有孚，威如，终吉。

这是说，心存诚信，威严作则，家庭能够终至吉祥。

从爻象上看，上九之爻，阳刚居卦之极，下与九三无应，已经显露出矛盾转化的先兆。故兆称"终吉"，并非一般意义之吉祥，而是包含了诫谕的味道。作为一家之主而居于一家人之上的上九，怎样才能维持家道长久不败呢？要言之，就是威、信二字。有信有威，家人心悦诚服，才能维持家庭长久和睦。威信又从哪里来？《象》说：

> 威如之吉，反身之谓也。

就是说，家长的威信不是靠作威作福，强使家人信服得来的，而是得之于反身修己，严于律己，是靠自己的表率作用形成的。

四是家庭要"交相爱"的道理。《家人·九五·象》曰：

> 王假有家，交相爱也。

相亲相爱不只限于夫妇之间，而且要推广于所有家人之间。这是非常重要的，因为光是夫妇之间的相亲相爱，家庭并不一定和谐如意。比如自古以来婆媳之间、姑嫂之间、兄弟之间关系如何，对夫妇乃至整个家庭状况的影响很大。许多恩爱夫妻往往就是因为婆媳之间、姑嫂之间、兄弟之间缺乏相亲相爱而导致离散的。事实上，任何一个家庭都是一个整体、系统，这个系统中的各个部分、环节的运转都会影响整体、系统。夫妇关系仅仅是整个系统中的一个重要组成部分，它虽然对整个系统有重大影响，但代表不了所有其他方方面面的关系。所以，居于一家中枢地位的夫妇，不仅要彼此和谐，而且要影响全家成员关系和谐，这才叫作"交相爱"。

绘于南宋的《女亲经图》（局部），描绘了家中的男女主人治家有方的情形

最后，《周易》提出"正家，而天下定"实现整个社会和谐。俗话说："家和万事兴。"《家人》卦重视治家对治国所起的作用，《象》曰

"正家，而天下定矣"，就表明了这一思想。《象传》更对家庭、对社会所起的影响做了进一步的阐述：

> 风自火出，家人。君子以言有物而行有恒。

就是说，《家人》卦（☲）上巽为风，下离为火，即为内火外风之象，象征家事自内影响到外。

所谓"风自火出"，实含"家事"与"社会风化"的关系问题，即"风化之本，自家而出"之意。所以君子观《家人》卦象，即领悟到日常居家小事亦关社会风化之理，故能自修小节，做到言语不妄，行事守恒不变。这是从宏观上来看家庭问题，特别能使现代人受到启发。所谓家道正，就是家齐。家齐然后国治，国治则天下太平。北宋著名政治家、文学家范仲淹指出：

> 圣人将成其国，必正其家。一人之家正，

然后天下之家正。天下之家正，然后孝悌大兴焉，何不定之有？①

齐家是治国、平天下的前提，这个道理是很深刻的。唯有健全而幸福的家庭，才能组成安定和谐的社会，从而保证民族和国家的正常发展。研究一下这种把修身、齐家、治国、平天下联系起来进行综合治理的传统家庭理论，对于建立中国式的现代化家庭，确乎不乏其积极的意义。

《家人》以家庭为基本结构阐述其家庭管理和家庭观念，从《家人》卦的卦爻辞可以看出，妻子是家庭的主体，夫刚妻柔，夫正妻顺，夫妻各守其本位，严于律己，正己正人，家庭成员之间和睦相处，相亲相爱，这是《周易》的基本家庭观念。《周易》的思路是由"夫妇正"到"家道正"再进到"天下定"，由夫妇和谐带动家庭和

———————

① （宋）范仲淹撰：《易义》，范能濬编辑、薛正兴校点：《范仲淹文集》上册，凤凰出版社 2006 年版，第 122 页。

第二章 《周易》的夫妇和谐之道

范仲淹像

谐，由家庭和谐带动社会和谐。"和"是《周易》
夫妇之道的一个基本原则。

《周易·家人》是我国古代家训的源头。宋代
司马光著《家范》一书首引《周易·家人》卦，
次引《大学》《诗经》《孝经》关于治家的论述是
有道理的。易学家张善文教授认为：

我们倘若把历史的印记从《颜氏家训》的时代再往前推一千五百年，则将会惊奇地发现，一部古老的哲学著作《周易》中，有一卦《家人》正是集中阐发远古的"治家"之道，完全可以称为中国古代第一篇"家训"。阴阳、刚柔、尊卑，固然是人类发展过程中产生的气质、生理诸方面的客观现象，自有一定的规律，但由此引发出极端的以男性为主、女性为辅的传统家庭礼教，根深蒂固地影响了中国数千年古代社会，《家人》卦所反映的某些思想正是如此，这是今天应当客观认真地辨析与评判的。不过，事物又是如此地辩证，我们在批判以"男尊女卑"为特色的传统家庭观念的同时，还必须看到，我国古代家庭伦理美德这一主要方面。东方女性之美、父慈子孝之道、宽严兼济的治家之方、长幼尊卑有礼有节的家教、勤劳俭朴的家风等等，均值待我们有机地传承并努力发扬光大。①

《大学》说:

> 心正而后身修，身修而后家齐，家齐而
> 后国治，国治而后天下平。

中国古代有一个重教化的传统。这个教化的途径主要是通过社会、学校、家庭来实现的，而其中家庭教化的途径最重要，正所谓"三代以下，教详于家"。传统家训的知识内容、行为规范与伦理诉求初步形成于西周，丰富于魏晋，成系统于两宋，完善于明清。据有关统计，仅收入《中国丛书综录》的家训就有117部之多。

中国历代家训之发达，在文明古国中首屈一指，是中华民族发展史上一个颇具特色的文化现象。中国传统文化不仅将家教局限于家庭教育，

---

① 张善文著:《〈周易〉选评》，上海古籍出版社2011年12月版，第65—66页。

而且认为家教是整个文化建构的组成部分，往往在文化的体认建构中将一家一户的家庭教育与国家的命运联系起来。中国传统家训在传统文化中为什么起这么大的作用呢？这是因为家庭是伦理道德的孵化器，家训本质上是伦理教育和人格塑造，造就有用之才。传统家训的内容包括修身、治家、立业、为学、处世等，其中贯穿着中国传统文化的基本精神。

笔者认为，中国传统文化的基本精神可以用《周易》中的"君子以自强不息""君子以厚德载物""君子以经纶"三句话来概括，包括经世、刚健、贵和三个方面。传统家训之所以在今天还这么有生命力，就是因为它传承着中国传统文化的基本精神，贯穿着它的精魂。

首先，传统家训传承着中国传统文化的经世精神。毋庸讳言，儒家思想在传统家训中占有主体地位。用儒家纲常名教训导子弟修齐治平、孝弟力田、忠君报国、清正谨慎、宽仁恤民、谦谨勤劳、节俭和顺，纠正或防范他们的骄、奢、泆、淫、贪、掠、虐、暴等不良倾向，禁止他们奸佞、欺诈、抢劫、偷盗、赌博、吸毒、嫖娼、寻衅斗殴等违法犯罪行为，通过耕读等途径进德修身，提高才能，以立业谋生、为官任职、创业垂世，构成了中国传统家训的主体性内容。被誉为"古今家训，以此为祖"的《颜氏家训》提倡儒家"为己"之学，主张读书利行，修身经世，反对"空守章句，但诵师言"和谈玄说虚不关心民生的南朝士风和学风。明清时期，经世致用的实学思潮进入家训。传统家训推崇力田、耕读并重，反对子弟好逸恶劳，坐享其成，崇尚科技，拒绝迷信。经世务实的世宦之家，要求子弟具备必要的科技知识素养，以备将来之用，如颜之推要求子弟涉猎农工商技便是如此。古代科技家学世传，让子孙赖以立业。传统家训有明显的非宗教化倾向，反对占卜迷信，表现出强烈的实践理性，这在曾国藩、康熙等人的家训中十分明显。

其次，传统家训传承着中国传统文化的刚健精神。传统家训的刚健精神表现在三个方面：

一是强调"自重"。俗话说："望子成龙"。传统家训提倡贵名节、重家声。重视名誉节操、倡导良好家风、维护美好家声是古代家训的一个明显特点。

二是提倡"自立"。无论是显贵家庭，还是普通百姓，一般都教导子孙不要奢侈浪费，要勤俭持家。帝王仕宦家训中多教导子弟勤政谦敬，如周公诫子伯禽"无以国骄人"，劝成王勤政无逸。两汉尤其东汉以来许多家训激励子弟立大志，勤读书，成大器；教导子弟立志清远，励志勉学；推崇孝弟力田，耕读并重，反对好逸恶劳，坐享其成。

三是重视"自守"。俗话说："秦桧好做，子孙难当"。传统家训很重视对子孙进行爱国主义教育。传统的忠德既有忠于皇帝的愚忠的一面，又有爱国的一面，这在宋末、明末、清末新旧换代之际表现尤为突出。爱国主义的一个重要内容是维护统一，反对分裂。这是在国家政局动荡不安、割据势力裂土称王时期，传统家训中的一大瑰宝。

辛亥革命前后，家训中的爱国内容剔除了愚忠成分，充实了民族、民主革命的内容。大多数家训教导子弟清廉自守，勿贪勿奢。有许多家训教育子弟进德修身，诵圣哲之言，绝邪淫之行。包括商贾家训在内的不少家训教育子弟不要染上嫖赌及吸毒之恶习。

最后，传统家训传承着中国传统文化的贵和精神。传统家训的贵和精神表现在四个方面：

一是重视人与人的和谐。俗话说："家和万事兴"。家庭和谐包括夫妇、父子、兄弟三种家庭关系的和谐，传统家训调节这些关系的道德准则是父慈子孝、兄友弟恭、夫义妇顺，这三者之间的道德义务是双向而非片面的。与传统伦理倡导的"以孝为本"及齐家思想相适应，两汉以来许多家训非常强调睦亲齐家的重要性。家庭作为宗法的载体，在传统家训中占有重要的地位，这方面的训诫封建毒素较多，强调父为子纲、夫为妻纲、"三从"一终、男尊女卑，宋明以后还反对妇女再嫁。但也有一些家训反对溺死女婴，主张糟糠不弃、寡妇再嫁。有的家训提倡宽厚谦恭，谨言慎行。有一些家训教导子弟和待乡邻，善视仆隶。有一些家训提倡救难济贫，助人为乐。有一些家训提倡诚信待人，反对欺诈。有一些家训教导子弟审择交游，近善远佞。这些对人与人之间关系的和谐都有重要价值。

二是重视人与社会的和谐。传统家训特别是帝王家训中提倡勤政谦敬，安国恤民。李世民的《帝范》和清康熙的《庭训格言》中都诫令皇子要认真处理国务，关心百姓生活。

三是重视人与自然的和谐，这表现在重视维护生态环境方面。有的家训为使水土不被破坏，规定必须保护山林，秋天防火，春天护苗，砍伐草木讲求季节。

四是重视人自身的和谐。传统家训中有不少关于养生、健身方面的训导。

传统家训传承着中国传统文化的精魂——经世、刚健、贵和的基本文化精神，集中体现了中国传统文化的价值观念。固然，传统家训中存在着诸如愚忠愚孝、男尊女卑、世故迷信等糟粕，但基本倾向是积极的，应是我们当前弘扬社会主义核心价值观的一笔丰厚的文化资源。在当代中国，社会主义核心价值观建设要体现中国传统文化的经世、刚健、贵和的基本精神，具有中国传统文化价值观的特质。要实现中国梦，先要有"中国魂"！

74

总之，《周易》的夫妇之道可以概括为礼、通、久、和四大原则。今天，我们对《周易》夫妇之道礼、通、久、和的四大原则要具体分析，以便进行创造性转化和创造性继承，建构社会主义新型的婚姻家庭伦理。

《周易》夫妇之道礼、通、久、和四大原则中如下思想具有当代价值：男女之间要两情相悦，真诚相待，婚姻要建立在感情的基础上；婚姻要慎重，要符合礼制，符合伦理；婚姻要能保持长久不变心；妇女在家中要守正、守妇道。

对《周易》夫妇之道的礼的原则要进行具体分析，对于其根本的方面阳尊阴卑歧视妇女的礼教思想要加以否定。有学者认为，"《周易》中《乾》《坤》两卦完全是对等关系，而绝非具有尊卑贵贱之分的主从关系"①，否认《周易》夫妇之道有男尊女卑的礼教倾向，这是大可不必的，否则你就很难解释通《周易》中出现的大量歧视女性的说法。《周易》关于阳尊阴卑的总体定位成为影响了中国几千年封建礼教的理论根据也不是没有原因的。否定《周易》中阳尊阴卑礼教倾向并不影响我们还要继承必要的礼仪、礼节、礼敬。

　　《周易》礼、通、久、和的四大原则，是和儒家的六经紧密关联的。一方面，《周易》在《乾》《坤》两卦中阳尊阴卑的总体定位和《周礼》《仪礼》《礼记》的大量相关思想及孔子的崇礼论述是一致的，这是无可否认的。另一方面，《周易》夫妇之道的通、久、和原则倡导追求恋爱自由、提倡夫妇和谐的思想和《诗经》中大量存在的反映爱情婚姻诗歌及孔子认为其"思无邪"是一致

————————

　　① 徐儒宗：《人和论——儒家人伦思想研究》，人民出版社2006年版，第83页。

的。在当代，仅就婚姻问题而言，由于许多人强调绝对的个人自由和性解放，出现了越来越多的单身家庭、单亲家庭、未婚同居家庭。由家庭解体所导致的老人失养、子女失教、人们精神失所、犯罪率上升、社会秩序混乱等一系列社会问题，不再局限于西方发达国家，已成了国际性的病症。

我们这个东方大国也深受影响，而且正显示着日益严重的趋势。无疑，《周易》提出夫妇之道的智慧对解决这些问题具有重要的价值。

第三章　《周易》的父子和谐之道

在《周易》的六十四卦中《蛊》卦（䷑）是讲孝德的，孝是子女对父母的道德行为规范。《易·萃·彖》曰：

> 王假有庙，致孝享也。

意思是说，王到家庙祭祀，是孝的行为。子女不仅要孝顺父母，推而上之，对祖先也要孝。

在家族宗法制社会里，孝不仅能够维护家族和睦，而且是防止国家动乱而长治久安的重要原则。但《周易》所讲的孝绝不是单向的，而是双向的，子女无原则的听从父母之命并不是孝，而是应该做一个"争子"，要纠正父母的过错，使之符合"义"和"道"。对此，《周易》中的《蛊》卦，就是专讲子女纠正父母过错的道理。

《蛊·初六》：

干父之蛊，有子，考，无咎，厉，终吉。

意思是说，匡正父亲的弊乱，儿子就能够成就先业，必无咎害，即使危险但终必获吉祥，故其《象》曰：

干父之蛊，意承考也。

就是说，爻辞所谓"匡正父亲的弊乱"，说明"初六"的意愿在于继承前辈的成就。

《蛊·九二》曰：

干母之蛊，不可，贞。

就是说，匡正母亲的弊乱，情势难行时不可强行，而应该宁持正固以待时，故其《象》曰：

干母之蛊，得中道也。

就是说，爻辞所谓"匡正母亲的弊乱"，是为了获得刚柔适中的方法。

《蛊·九三》曰：

干父之蛊，小有悔，无大咎。

这是说，匡正父亲的弊乱，稍有悔恨，但没有重大的咎害。故其《象》曰：

干父之蛊，终无咎也。

就是说，爻辞所谓"匡正父亲的弊乱"，说明以下谏上，虽有小失，但最终不会有咎害。

《蛊·六四》曰：

> 裕父之蛊，往见吝。

就是说，宽裕地缓治父亲的弊乱，这样往前发展必然出现令人惋惜的事。故其《象》曰：

> 干父之蛊，往未得也。

这就是说，拖延改正父亲的弊乱，迁延日久，必然难以获得治弊之道。也就是说，匡正父亲的弊乱必须及时，不宜迟缓。《蛊·六五》曰：

> 干父之蛊，用誉。

就是说，匡正父亲的弊乱，备受称誉。故其《象》曰：

"干父"，"用誉"，承以德也。

这说明，能匡父亲的弊乱，而以美德来继承先业，从而获得了人们的称誉。

根据《蛊》卦的论述，可以看出以下三点道理：一是纠正父母的过错，乃是子女义不容辞的责任。二是纠正父母的过错，既要及时（或等待适宜之时），又要掌握适中的方法。三是纠正父母的过错的目的，是为了能以正道和美德来继承祖先的事业。可见，《周易》所提倡的父子关系，乃是父母与子女之间相对平等，感情融洽，而且还可以匡正过失的比较开明的关系。

舜帝"孝感动天"

中国古代的圣王舜帝就是一个孝道的最好例子。舜帝在《二十四孝》里面排第一，讲他是"孝感动天"。

舜帝名叫重华，他父亲叫瞽叟，非常凶暴，是一个不明理的人。舜帝的母亲在他很小的时候就去世了，他父亲娶了一个继母，继母非常顽劣，很不喜欢舜帝。舜帝还有一个同父异母的弟弟，叫作象，也是非常的骄纵、傲慢。他的父亲、继母、弟弟三个人都想把舜帝杀死，但是舜帝特别的恭顺，时时刻刻尽到自己做儿子、做兄长的道义，以孝闻名。相传，一次舜帝去地里挖井，继母和弟弟就想把舜帝害死，舜帝因为有至孝之心，所以他很有智慧，早知道继母和弟弟想要害死自己，但是他不愿意陷继母和弟弟于不义，所以提前挖了一条地道，在他的继母和弟弟害他的时候，他就从这个地道逃了出来，回到家里，他的继母和弟弟都非常惊讶。

即使如此，舜帝也没有丝毫抱怨，而是反躬自省，真正将孝做到了极致。因为舜帝这样的孝行，他在耕田的时候，连鸟、大象都来给他帮忙，舜帝的孝行感动天地，也感动了远近的人。这个事情后来就传到了当时的天子尧帝那里，尧帝一直要身边所有部落的人来推荐一个人作为他的继承人，人们都向尧帝推荐大舜，因为他是一个大孝子。所以，尧帝就找到了大舜，把自己的两个女儿嫁给他，观察他在家里的表现，这是治内。结果大舜把家里治理得很好。尧帝的两个女儿娥皇和女英，也很有德行。有一次舜帝在屋顶干活，舜帝的父亲、母亲和弟弟三个人，就想害死大舜，他父母就在屋下点火，把这个屋顶烧了。娥皇和女英非常有智慧，提前给大舜准备了大的斗笠和蓑衣，舜帝就戴着斗笠从屋顶上跳了下来，没有一点损伤。舜帝在家里表现非常好，并不因为娶了尧帝的两个女儿而自高自大。

尧帝看到舜帝在家里的表现很好，接着，又派了自己九个儿子去跟舜帝相处，发现自己九个儿子跟舜帝相处之后，都更加诚实了。大舜在历山耕种的时候，历山的人都互相让田地边界，人人都受舜帝孝行的影响，大家都懂得了礼让。在雷泽捕鱼，雷泽四周的人也是互相礼让。在黄河边制作陶器，生产的陶器都非常精美，没有粗糙、破损的。舜帝住的地方，住一年就变成了一个村庄，住上两年变成了一个集镇，三年就成了一个都市。于是，尧帝就开始试用舜帝，让他去推行五教，推行伦理道德的教育工作。最后还让他去做各个部门的工作，舜帝都能够做得很好。尧帝非常满意，最后尧帝老了的时候，就让舜帝代替他行使天子的政务。到尧帝去世以后，天下人都归顺于舜。

尧帝是圣人，舜帝也是圣人，圣人都明白一个道理，知道要以孝、以道德来教化天下。舜帝他自己把孝道做到了极致，明了天地之道，所以他去做事情没有什么做不好的。他真正回归了自己的本性，明白了宇宙人生的大道。

禹干父之蛊的故事

帝尧时期，洪水滔天，尧命禹的父亲鲧（qǔn）前去治理洪水。鲧采用堵截的办法治理洪水，结果使洪水的危害越来越大。后来，舜处死了鲧，而命大禹去治洪水。大禹一改其父采用的治水方法，而用疏导的方法去治理，终获成功。大禹的做法，可谓"干父之蛊"，而其最终获得成功，亦有利于改善其父的名声。

闵子骞为后母求情感动后母的故事

早在我国春秋战国时期，有一个以孝心感动后母的故事。相传，孔子有弟子三千人，其中著名的有七十二人，被后人称为"七十二贤人"，闵子骞就是其中之一。

闵子骞很小的时候，亲生母亲就去世了，父亲又娶了后母，以后后母又生了两个儿子。后母偏爱自己生的儿子，有好吃的，就偷偷地给自己亲生的两个儿子吃，而不给闵子骞吃，还经常不让闵子骞吃饱饭，而闵子骞对这些事情从不在意，也从来不和父亲讲。有一年冬天，后母在做棉衣的时候，给自己亲生的两个儿子做的是厚棉衣，给闵子骞做的是薄棉衣，棉衣里面放的不是棉花，而是不御寒的芦花。穿这样的棉衣不暖和，闵子骞每天被冻得发抖。

有一天，闵子骞的父亲坐车外出办事，由闵子骞兄弟三人拉车。这一天天气非常寒冷，闵子骞的棉衣不能御寒，被冻得浑身颤抖，而他的两个弟弟，因为穿的是厚棉衣，又加上拉车用力，头上直冒热汗。闵子骞的父亲看见闵子骞不断瑟瑟发抖，而他的两个弟弟头上直冒热汗，误认为闵子骞拉车偷懒不用力，于是跳下车来，用鞭子抽打他。闵子骞见父亲发怒，连忙跪在地上请求父亲原谅。可他父亲在盛怒之下毫不留情，把闵子骞的棉衣都抽破了。棉衣破了后，芦花飞了出来，闵子骞的父亲最初感到奇怪，等捡起芦花一看，才恍然大悟，原来自己的儿子正在受冻！闵子骞的父亲十分生气，知道是他后母搞的鬼，于是立刻返回家，把他后母叫出来，问明事情的真相，然后要休掉她。

　　闵子骞见父亲要休掉后母，就急忙跪在地上为后母求情。他哀求父亲说："母亲在家，只有我一个人寒冷，如果母亲离去，那么我们兄弟三人都要寒冷！"闵子骞说得婉转又合情理，使他父亲便打消了休妻的念头。闵子骞后母听了闵子骞的话，非常惭愧，从此以后她痛改前非，对闵子骞兄弟三人一视同仁，都关心爱护。

　　闵子骞长大之后，曾拜孔子为师，向孔子学习六艺。在学习中，闵子骞尊长爱幼，为人谦恭有礼，因而深受孔子的喜爱。孔子曾称赞闵子骞，说他上事父母，下睦兄弟，一举一动，尽善尽美，所以没有人讲他的闲话。

　　《周易》的《家人·象》强调"兄兄弟弟"，乃是实现"家道正""天下定"的重要人伦道德。

第四章 《周易》的朋友
和谐之道

朋友关系是完全建立在同道基础之上的人际关系。《周易·系辞上》曰：

> 方以类聚，物以群分。
>
> 子曰："二人同心，其利断金；同心之言，其臭（xiù）如兰。"

意思是说，两个人同心一意，其作用就像利刀砍断金属一样。同心一意说的话，就像兰花发出的气味一样芳香。故后世称朋友的情谊为"金兰之交"。

《乾·文言》曰:

> 子曰:"同声相应,同气相求。水流湿,
> 火就燥;云从龙,风从虎……则各从其
> 类也。"

意思是说,同类的声音互相应和,气息相同的事物互相求合。水向低湿的地方流动,火向干燥的地方蔓延;云总是伴随着龙,风总是跟随着虎……万物都归属于不同的类。

这些论述,正可作为"同道相合"关系之比喻。《周易》对朋友和谐有许多论述值得我们借鉴。

一、《周易》提出朋友和谐的关键是诚信

《周易》提出朋友和谐的关键是诚信。这方面的思想集中表现在《比》卦中。《比》卦位居第八，次于《师》卦之后。《序卦》说：

> 师者，众也，众必有所比，故受之于《比》。

《比》卦（䷇）的卦形是下坤（☷）上坎（☵）。下坤为地，上坎为水。所以《象》说："地上有水，比。"地得水而柔，水得地而流，这是相亲相辅的象征。卦辞曰：

> 比：吉。原筮，元永贞，无咎。不宁方来，后夫凶。

意思是说，人与人相亲相辅是好事，是吉祥的。在占卜中得知，人与人交往第一重要的是相亲相辅。永远坚守这一条，就不会有灾祸。而有的人只是感到不安宁、不安全时，才去和别人表示友好，像这种后来的人，是靠不住的，而且会有凶险。

交友自然本无先后，而其关键是个诚字。"不宁方来"，指感到危机、不安全之后，才来结交朋友，显然是有求而来，有明显的"利用"的意味。所以《周易》对这种做法，是持强烈的反对态度的。

关于以诚信为交友之道，在《比》卦爻辞中，还有更具体的说明。《比·初六》曰：

> 有孚比之，无咎。有孚盈缶，终来有它，吉。

孚为信用，缶为盛满的瓦器。意思是说，用讲信用来结交朋友，没有什么害处。讲信义就像装满酒缸的酒，又满又浓，必然获得善意。交友应当从诚信开始，诚信是友好相处的基础。基础越充实，关系会越友好、越持久。

以诚信为交友之本的另一个要求是，与朋友交，须发自内心。《比·六二》曰：

> 比之自内，贞吉。

六二阴爻居阴位，既居下卦之中，又与九五阴阳相应，因而柔顺、中正象征其相亲相助发自内心，并不是勉强的、被迫的。另一方面，也可解释为六二居下坤之中，自身中正柔顺，虽然上应九五之尊，而阴阳相亲相应，但其中所作所为是为了实现其匡时救世之道，而不是为了向君主要名要利。正因为此，这种发自内心的相亲相助，得正而不偏颇，所以会吉祥。同时，六二也可以引申为朋友交心必须发自内心，必须动机纯正，只有这样，才可以交到真正的朋友。

人与人之间有交恶，如对簿公堂的诉讼，如

攻城略地尸横遍野的战争；人与人之间更多的是交好，如发乎自然的恋爱，如天长地久的夫妻，如相亲相助的朋友。任何交好都要有基础，青年男女的恋爱基础是"性"，白头偕老的夫妻基础是"情"，相亲相助的朋友基础则是"信"。

《周易》中的《比》卦，围绕交友即朋比的基础问题，进行了多方面的阐发。时过三千年，依然有现实意义。

《比》卦之象下坤上坎，坤为土，坎为水。土承载水，水随土之高下而高下，随土之陡峭平缓而蜿蜒曲折。土与水的这种亲密无间性，就是"比"字的本义所在。延伸至交友，这种亲密无间的朋比就是一种最佳状态。

朋比的基础是诚信。《比》卦卦辞从正反两个方面讲了同一个问题：诚信。《比》卦的卦辞曰：

　　比：吉，原筮，元永贞，无咎。不宁方来，后夫凶。

这个卦辞中的"原筮"，就是《蒙》卦卦辞中的"初筮"：

> 初筮告，再三渎，渎则不告。

在《蒙》卦（䷃）中，是要童蒙听课时怀着"重道"的态度尊重老师，认真地听取老师的每一句话。原筮亦即初筮，为什么"原筮"代表诚信？占筮是祈问神灵，心诚是关键。如果一而再、再而三地占问同一件事，显然是对神灵所示的第一个、第二个结论缺乏信任，表示怀疑。只作一次性占问的原筮，反映了占问者对神灵的诚信。所以，用"原筮"即唯一的占筮作类比，形象、生动地表达了朋友交往以诚信为基础，就如同童蒙对启蒙老师的尊重，体现了其求学态度的端正。

以诚信为基础的交友，是值得称道和充分肯定的："元永贞。"在这里，"元"是一个空间概念，其义为"大"；"永"是一个时间概念，其义为"久"、为"永远"。也就是说，交朋友讲

"信"，以诚信为基础，不仅是一条放之四海而皆准的道理，而且是一条恒久不变的真理。

诚信的反面例子是"不宁方来"。看到别人相亲相助，自己心里感觉不安宁，才违心地与他人结交，这种缺乏诚意的表面朋友，不可能在以后的生活中相亲相助。"不宁方来"的朋友，因为缺乏诚信基础，只可以同欢乐，不可能共患难。一旦有事，倒戈而去，甚至落井下石，所以，结论很可能是凶险。

季布一诺千金

楚汉相争时，楚霸王项羽手下的一位得力干将，名叫季布，是一个特别重信的汉子。楚人有谚语："得黄金百，不如得季布一诺。"成语"一诺千金"，说的就是季布重信的事。他曾多次带兵与汉王刘邦打仗，"数窘汉王"。可惜楚霸王刚愎自用，垓下战败，乌江自刎，以致重信的季布，招致汉高祖刘邦"购求布千金，敢有舍匿，罪及三族"的通缉。季布先是藏匿于濮阳一位姓周的朋友家里，汉军追缉将至，姓周的朋友便将季布粗布装扮，混杂于家奴中，卖给鲁地一朱姓大家。朱家心知是朝廷通缉要犯季布，仍然将其买下，安置在一处田庄内，并告诫儿子："田事听此奴，必与共食。"意思是，田间耕作之事悉听这个奴隶的安排，一日三餐都要陪着他一起吃。这分明是贵宾，哪里是家奴？然后，朱家主人又赶去洛阳，见汝阴侯滕公（夏侯婴），说刘邦为了一己之私怨，重金缉拿一个品德高尚的贤人，将他逼迫至别的国家，岂不是又要上演伍子胥掘墓鞭尸楚平王的故事吗？滕公心知季布就藏匿在朱家，他也很欣赏季布的道德品性，赞同朱家主人的观点，便跑到已经当了皇帝的老乡刘邦那里，替季布说情。于是，刘邦赦免了季布，官拜郎中。孝惠帝时，官拜郎中将。孝文帝时，季布为河东守。一个通缉要犯，时时处处都有人冒着"罪及三族"的高风险，将他藏匿，替他辩护，最后不仅被赦免，还连续三朝为官，安度一生，正验证了周文王所做的"元永贞，无咎"的断语。

与季布恰成对比，项羽是一个不讲诚信的人。入关之前，他与刘邦相约："先入定关中者王之。"此后，刘邦率先破秦入咸阳城，项羽却以军事力量上的优势，逼迫刘邦撤兵咸阳，自己称王，甚至还拘押刘邦的父亲、妻子。正是由于项羽的不讲诚信，最终导致四面楚歌的悲惨下场，这个故事也大致符合"不宁方来，后夫凶"的古人之语。

《比》卦的六个爻辞，系统地阐述了处于三个不同层面的人，在交友过程中应该具有的基本素养、择友方式以及交友态度。

《比》卦初六、六二两爻爻辞，是关于初交朋友时应有的基本素养。其爻辞曰：

初六：有孚比之，无咎。有孚盈缶，终

来有它，吉。

六二：比之自内，贞吉。

在《周易》中，诚信的专用名词是"孚"。"有孚比之"，就是建立在有诚信基础上的朋友交往。对于这种交往，不必担心后果会有什么问题。处在初爻阶段的人，如同"潜龙"，正是积聚能量的初期阶段。而积聚能量，不仅包含知识积累、资产积累、道德修养的积累，也包括结交朋友的人脉积累。正如当今社会上的各种样式的"讲习班"，许多从事商业运作的总裁、高级白领们趋之若鹜，花了几万元十几万元的高价学费，参与其间，在知识积累的同时，建立一个又一个"同学圈"。这未尝不是一件一举两得的好事，既增长了知识，又结交了新朋友。然而，过犹不及，当某商学院的"进修班"，将政府机关中那些手里有权的公务员也拉了进来，与老总们做同学、交朋友，便引起了社会的关注和疑虑。政府有关部门发现了这种不是以"有孚"为基础的交友平台，连忙出面干涉，限令那些名义上也花了十几万元学费的公务员一律退出"进修班"。这类由公务员参与其间的、缺乏"有孚"的交友方式，任其发展下去，结果不是"无咎"，而是"无咎"的反面——"有咎"。而这类"进修班"，也演变成了权钱交易的初始平台。

所以，交友的结果究竟无咎还是有咎，取决于交友之初及交友过程中究竟"有孚"还是"无孚"。

细究起来，"有孚"即诚信还有程度上的差异，诚信这一基础越充实，相亲相助的关系也就越牢靠。"有孚盈缶"，诚信的基础如同满罐子的美酒。这一初始阶段便能够充满诚信地结交朋友，待到完成蛰伏期、进入奋斗成长期，始终都会受益，甚至会有意想不到的收获。

爻辞"终来有它吉"，是《周易》中唯一的一个"它吉"，意料之外的好结果。为什么会有"它吉"？因为蛰伏期间交友时不仅"有孚"而且"盈缶"。"有孚盈缶"是因，"它吉"是果。这就好比今天提倡的"我为人人，人人为我"，我为人人是因，人人为我是果。当树立我为人人的信念并付诸行动，同时把这看作是理所当然的品性和为人之道，这样当自己有难时就会出现人人为我的结果。

"我为人人，人人为我"的思想，其实源自两千五百年前墨子的"兼相爱，交相利"这一主张："夫爱人者，人必从而爱之；利人者，人必从而利之。"如果你爱别人，别人也必然会同样爱你；你帮助别人，别人也必然会同样帮助你。爱别人、帮助别人，不是为了回报，但是必然有回报。墨子的这一观点，寻根溯源，就在《比》卦初六爻辞的"有孚盈缶，终来有它吉"里。所以，墨子明确地说，墨家的兼爱之道，就是从周文王那儿学来的。

交朋友的诚信必须发自内心，尤其是在刚刚结束蛰伏期、踏上社会之际，正需要一批贤能位高的"大人"提携扶助，需要一批肝胆相托的朋友支持、帮助。只有捧出一颗赤诚之心，才能赢得贤能有力者的赏识和扶助；只有以心换心，才能获得众多朋友的竭诚相助。如果说蛰伏期间的交友只是积人缘，那么，此时的交友已经进入到了"朋友鼎力相助"的状态。因此，只有自己发自内心的诚信，才能激起施助者的实际行动。

当然，以心换心，结交朋友，在事业初创时获得必要的帮助，须有一个大前提：企盼帮助的动机必须纯正，从事的事业必须合乎正道。

二、《周易》认为朋友和谐首先要慎交

《周易》中《比·六三》曰："比之匪人。"这就是说结交朋友是应当有所选择的，千万不可与坏人为伍。这里六三所比附的就不是正大光明的人。从爻位上看，六三居下坤之上，阴而失正，躁动不安，盲目冒进。然其向上为六四所阻，无法靠拢九五阳刚之主，因而只能乘二、承四、应

六。而其所比附的三爻皆为阴，三阴为群小之象。比于群小，与群小为伍，而非九五尊者，所以说是"比之匪人"。这一爻辞告诫人们：人应当广交朋友，但是在不得已时，宁可孤独，也不可与小人为伍。为什么宁肯孤立无援，也不与小人为伍呢？本爻虽然未作说明，但在其他爻辞、卦辞中也多次谈及，因为小人不行君子之道，而专做一些伤天害理的事，所以，与小人为伍做伴，就无疑意味着改变自己的志向、信念，与小人同流合污，那样，终究失道寡助，当然还不如孤立无援好。

《比》卦的六三、六四爻辞，对身处高位者既须谨慎交友，又须见贤思齐作了阐述。

六三：比之匪人。

六四：外比之，贞吉。

相亲相助是外在的表现，"有孚"是内在的东西，并不像满杯美酒这样的类比物可以一目了然。因此，当一个人事业有了较大发展、社会地位有了较大提高时，相亲相助的朋比对象选择，便被提上了议事日程。

"比之自内"，是要透过现象看本质，通过相亲相助这一外在的可见行为，深入了解其是否"有孚"的内在世界，倘若知道对方确实具有发自内心的纯正动机，这样的朋比关系就是值得建立的，而且是牢固的。通过外观，发现对方并无发自内心的诚意，表面的相亲掩盖着叵测之心，这样的朋友，万不可相交。

周文王特别提醒不要"比之匪人"，不要与那些心怀叵测的人交朋友。这里讲的"匪人"，不是抢掠财物的强盗，而是以交友为形式的叵测之徒。这个爻辞未加吉凶断语，是因为毋庸置疑，与"匪人"做朋友，肯定没有好结果。

周文王为什么对这一层面的人提出这一警示呢？第三爻所居之位的人，已晋升到了今天所谓的"体制内干部"的位置，手中有了较大权力，于是在仕途、钱途上有欲望的人，就会跑来拉关系、套近乎，一改书生门前车马稀的局面。鱼龙混杂，匪人与君子难辨，与蛰伏期、出山期分辨有孚、无孚、盈缶、缺缶，增加了很大难度。更有甚者，同僚及上司，也会与之热切相交，因为这些地位高的人，为了自身的一定发展，也需要结交朋友。交友，或遇匪人；不交友，遭人怨恨。最好的办法，是谨慎选择朋友，而谨慎的尺度，又难以把握。因此，虽然升了官，增了薪，同时也增添了"居安思危"的忧患之心。但是，有一条原则是可以明确坚守的，这就是后来孔子说的："道不同，不相为谋。"

在更高的位置上，周文王又提出了更高的要求："外比之，贞吉。"九四爻是人臣的最高位，是辅助君王掌控全局的重臣。这一位置上的人，一旦用人不谨慎，会把自己也搭进去，所以时时有如临深渊之感。但是，处于这一高位上的人，更需要广泛交友，了解全局，集思广益，发现人才，提携后进。当然，此时的"朋比"不能满足于低位时的"内比"，而应该提升至"外比"，找那些在学识上比自己高明，在道德品性上比自己高尚的人，真心诚意交朋友，不断吸取他们的智慧，才能做好自己的本职工作，巩固自己的地位。

有一些对象，并不需在由外及内的观察分析也可确定其朋比关系。例如，明显比自己贤明高尚之士。这样的人物，其才能、其道德已被社会公认，无须再投入精力去观察了解。恰恰相反，主动亲近这些比自己贤明高尚的人，倒要检讨一下自己的动机是否纯正，究竟出于"见贤思齐"这一目的，还是趋炎附势、结党营私？后来的儒家，在家训中要求子弟慎交朋友，交朋友应该找比自己贤能高尚的人，借以提高自己的知识水准和道德素养，这种观念想必就是从《比》卦的"外比之，贞吉"中发掘而来。

只要动机纯正，这样的"外比"一定能收到很好的效果。

《比》卦的九五、上六两个爻辞，对处于最高位者的交友态度作了阐述。

　　九五：显比，王用三驱，失前禽。邑人
不诫，吉。

　　上六：比之无首凶。

　　显，明示无隐私；显比，大家都能看得见的诚信
相交。

　　在人与人的交往中，如何展示自己的诚信？
尤其是身处最高位的统治者，如何让臣民了解自
己在沟通和处置君臣关系、君民关系中的诚信态
度，《周易》提出了这样一个办法："王用三驱，
失前禽。"天子在狩猎时，网开一面，凡不愿投入
网中一味前逃的猎物，一概不追。这种定期狩猎、
来者不拒、去者不追、从不赶尽杀绝的举措，昭
示了天子取信于民的诚信，收到了"邑人不诫"
的效果。

　　反之，如果最高统治者的"显比"缺乏诚信，
政策多变，如同天子在每次狩猎时网开一面的方
向随意变更，猎物的逃跑方向无法确认。天子缺
乏诚信、政策多变的结果，必然造成"邑人"即

被统治者的戒心，上下不"比"，"吉"的局面也就自然地转化为"凶"的局面。

人与人之间是如此，君与民之间是如此，国与国之间的相交相比同样如此。幽王烽火戏诸侯，就是典型的天子失信而致凶的事例；而齐桓公会盟称霸，则是重信而吉的典型。

周幽王烽火戏诸侯终招恶果

西周时，因西戎强盛，防其入侵，乃于骊山之下，置二十余处烽火台，倘有西戎兵犯，立即点放烟火，诸侯援兵即至。荒唐的周天子幽王，为了博得宠妃褒姒一笑，居然于夜间大举烽火，顿时火光烛天。畿内诸侯，疑镐京有变，立即率领军兵，连夜赶至骊山，却见城楼之上，幽王正与褒姒饮酒作乐。幽王只让人传下一句话："幸无外寇，不劳跋涉。"诸侯面面相觑，卷旗而回。天子与诸侯间的烽火信约，就此被幽王践踏。不久，西戎真的发兵来犯，将镐京团团围住。此时，

幽王又遣人举烽，诸侯因刚被烽火所戏，又
以为诈，皆不起兵驰援。幽王只得离宫出逃，
被西戎将士一刀砍死。这是天子失信于诸侯
的下场。

齐桓公会盟称霸

　　齐桓公是诸侯称霸中的第一位霸主，他
能成为诸侯中的盟主，源自他的重"信"。自
从有了管仲这位"亚父"掌管国家大事，齐
国很快成为一个强国。于是，齐桓公假借周
天子之命，召集周边的宋、鲁、陈、蔡等八
国，到齐国开会，结果只来了宋、陈、蔡、
邾四个诸侯。即便如此，宋国的国君也不甘
于听命齐桓公，连夜又逃了回去。齐桓公决
定伐宋，但是中间隔着一个鲁国，伐宋须先
令鲁顺服。于是，齐桓公挥师抵达鲁国边境，
先文后武，派人告诉鲁庄公，约在柯地会盟。
庄公便选了一位文武双全的曹沫，随同赴会。
会盟刚开始，曹沫便冲向齐桓公，右手按剑，

左手揽桓公之袖，怒形于色："齐恃强欺弱，夺我汶阳之田，今日请还，吾君乃就歃耳！"桓公忙说："大夫休矣，寡人许子！"会盟结束后，齐国群臣愤愤不平，欲劫鲁侯，以报曹沫之辱。桓公曰："寡人已许曹沫矣！匹夫约言，尚不失信，况君乎？"第二天，齐桓公便将侵占汶阳的田地尽数归还鲁国。"诸侯闻盟柯之事，皆服桓公之信义。"纷纷加入齐盟，齐国因此成为东周时期的第一个诸侯国盟主。

由此可见"显比"影响之巨、作用之大。
《解·九四》曰：

解而拇，朋至斯孚。

意思是说，解开你大腿上的束缚，朋友来了以后才能诚信相待。就是说，本爻阳居阴位，下比"六三"邪佞，为之所附，犹如足趾生患，妨碍其

与"初六"相应，故"解"其"拇"，然后可致
"初六"之"朋"来，阴阳相"孚"之德乃见。
就是说，摆脱小人之纠附，然后朋友就能前来以
诚信之心相应。

关于宁可孤独，也不可与小人为伍这一思想，
在《姤》卦中还有具体的表现。《姤》卦（䷫）
的卦形为下巽上乾。《彖传》说：

姤，遇也。柔遇刚也。

巽为风，为长女，乾为天，为父，天下有风，男
女相应，故曰柔遇刚。

《姤·九三》曰：

臀无肤，其行次且（zī jú）；厉，无
大咎。

臀即屁股，次且即趑趄，徘徊不进之状。九三阳
爻阳位，过于刚强，离开内卦之中位，不能中庸，

以致一味追求异性。阳之求阴，本是天然的欲望，但下方之初六已与九二相遇；向上寻求，则遇上九之阳刚，亦不能相应，所以九三处于进退两难的地位，以致趑趄而不能进，这是不吉祥的。但也无甚大碍，因为不与阴柔相应，也就不会受到小人的伤害。所以《象》说：

其行次且，行未牵也。

牵即牵制。就是说九三虽然趑趄，然仍在前进。所幸的是其行为并未受到坏势力的牵制，故曰"无大咎"。这一断语旨在告诫人们：即使孤立无援，也不可与小人结伴。这一道理是很深刻的。在现实生活中，人们常常会处于孤立无援进退两难的境地。在这种情况下，如何自处，是对自己人格的严峻考验。宁肯孤立无援，也决不与小人为伍，体现了我国古人坚守中正之道的高尚品质。

三、《周易》论述了朋友相悦之道以贞正为本

《周易》中的《兑》卦（䷹）讲朋友相悦之道。《兑·初九》曰：

> 和兑，吉。

意为阳爻居初之位，体禀阳刚，和悦端正，能平和欣悦以待人，故获吉祥。

《兑·九二》曰：

> 孚兑，吉，悔亡。

就是说，阳居中位，禀"刚中"之德，中心信实又能欣悦以待人，故获吉祥，悔恨消亡。

《兑·六三》曰：

来兑，凶。

就是说，阴居阳位，处位不正，与上无应，而来求合于"初九""九二"两阳以谋欣悦，以此处"兑"为邪正之象，故凶。

《兑·九四》曰：

商兑未宁，介疾有喜。

就是说，阳居阴位，而失其正，上承"九五"之中正，下比"六三"之邪佞，故不能决而商度所"悦"未能有定；然质本阳刚，故能介然严守其正，而隔绝"六三"之"疾"，则有喜矣。

《兑·九五》曰：

孚于剥，有厉。

是说本爻虽阳刚中正，却比近"上六"之阴，为其引诱，孚信小人，并与相悦，乃"小人道长，君子道消"之义，故有"厉"。

《兑·上六》曰：

引兑。

是说阴居上位，为一卦欣悦之主，引下二阳相与为悦，而不能必其相从。故"九五"当戒，而此爻不言其吉凶。

《兑》卦还阐明了朋友讲习之义。《说卦》曰："兑，说（yuè）也。"又曰："兑为泽。"又曰："说（yuè）万物者，莫说乎泽。"故其《大象》曰：

丽泽，兑；君子以朋友讲习。

就是说，丽泽者，两泽并连而交相浸润之象，以象征欣悦也；而君子取以效法，作为良朋益友之间相互讲解义理、研习学业，从而获得欣悦之意。故孔颖达《疏》曰：

君子以朋友讲习者，同门曰朋，同志曰友，朋友聚居，讲习道义，相说之盛，莫过于此也。故君子象之以朋友讲习也。[①]

故其卦辞所说的"兑：亨，利贞"者，说的是朋友讲习之际以义理"相悦"之时，必可"亨通"畅达而"有利"于共同提高，但不能"悦"以为邪，应以守持"贞正"为本。这里旨在强调，朋友在一起应互相学习，取长补短。这个道理对于人际关系和谐来说，也是很有意义的。

人事关系协调的出发点和目的，是为了团结一致、齐心协力去开展工作，完成共同的任务。在这当中，如何发挥每个人的长处，是非常重要的，而要很好地做到这一点，就应互相讨论、切磋、学习。也就是说，相互讨论、切磋、学习，互相取长补短，对于朋友关系和谐具有重要意义，用这样的形式、方式进行协调，要比聊天、扯皮

① （唐）孔颖达撰：《周易正义》，李学勤主编：《十三经注疏》（标点本），北京大学出版社1999年版，第235页。

或拉关系、讲人情好得多。

由此可见，《兑》卦所明朋友相悦之道，乃强调"刚中柔外"为悦，悦不失正。卦中六爻，两阴均以柔媚取悦，为被否定之象。四阳情状不一：

"初九"刚正和悦，最吉；"九二"诚信而悦，"悔亡"亦吉；"九四"商度抉择其悦，"有喜"；"九五"居尊位悦信于小人，则以"有厉"深戒之。

纵观全卦大旨无非说明：阳刚不幸于阴柔，秉持正德，决绝邪谄，才能成"欣悦"之至美；反之，偏离正德，曲为欣悦，则不论是取悦于人，还是因人而悦，均将导致凶咎。可见，《周易》所肯定的朋友相悦之道是立足于鲜明的道德准则之上的。

四、《周易》提出朋友要共济艰难

《周易·蹇》卦（☵☶）其九五曰：

> 大蹇，朋来。

就是说"九五"阳居坎中，当"大蹇"之时，以阳刚中正之德下应"六二"，故朋友纷纷来归，共济蹇难。故《象》曰：

> 大蹇朋来，以中节也。

王弼注曰：

> 处难之时，独在险中，难之大者也，故曰"大蹇"。然居不失正，履不失中，执德之

长，不改其节，如此则同志者集而至矣，故曰"朋来"也。①

这是阐明朋友之间要具有共济艰难之谊。

管鲍之交

春秋战国时期的齐国，是西周开国功臣吕尚的封国，在现在的山东省一带。西周初年，齐国是一个强大的国家，但是到春秋齐襄公时，国势衰弱，内乱不已。正是在这个时候，管仲和鲍叔牙都在齐国做官。

管仲和鲍叔牙是好朋友，他们一起做过买卖，一起当过兵。后来管仲做了公子纠的师傅，鲍叔牙做了公子小白的师傅。两公子都是齐襄公的兄弟。由于齐襄公荒淫暴虐，两公子怕遭祸害，都跑到外祖父家去了，公子纠到了鲁国，公子小白到了莒国。公孙无

① （魏）王弼撰，楼宇烈校释：《周易注》，中华书局2011年版，第211页。

知被杀后，齐国的大臣们派人来接公子纠回国继位。鲁庄公亲自出兵，派曹沫为大将，送公子纠和管仲回齐国去。管仲对鲁庄公说："公子小白在莒国，离齐国不远，万一他先回到齐国当了国君就麻烦了，请让我先带领一队人马去截住他。"鲁庄公同意了他的意见。

管仲带着十辆兵车日夜兼程，到了即墨，听说公子小白的兵车已经过去了。他忙拼命往前追，一气跑了三十里，追上了公子小白。管仲问："公子上哪儿去?"小白说："回国办丧事去。"管仲说："有你哥哥，你就别去了。"鲍叔牙虽说是管仲的好朋友，可是此时各护其主，就厉声说："管仲！各人有各人的事，你管得着吗?"旁边的士兵们横眉怒眼，好像要动武似的。管仲不敢多说，只好退下来。他想绝不能让小白进到齐国去，就偷偷拿起了箭，对准小白，嗖地一箭射去，小白大叫一声，口吐鲜血，倒在车里，眼看活不成了，鲍叔牙急忙来救。大伙儿一齐哭了起来。管仲赶紧带着人马逃跑，跑了一阵，想着公子小白已经死了，公子纠的君位稳了，就不慌不忙地保护着公子纠回齐国去。

其实，管仲射中的是公子小白的带钩。小白知道管仲是神箭手，怕他再来一箭，就故意大叫一声，咬破舌头，喷血诈倒，等大伙儿一哭，他才睁开眼睛，松了一口气。鲍叔牙见公子小白安然无恙，心中大喜，忙带着人马抄小道急奔，很快到达首都临淄。鲍叔牙说服大臣们立小白为国君，这就是齐桓公。可是鲁国的兵马已经来到齐国边界，他们坚持要立公子纠。鲍叔牙亲自带领军队去抵抗，把鲁国打败了，占领了鲁国的汶阳。鲁庄公只好求和。鲍叔牙要求鲁庄公杀公子纠，交出管仲。鲁庄公没有办法，只好逼死了公子纠，拿住了管仲。谋士施伯说："管仲是天下奇才，别放他回去，我们可以重用他，让他为鲁国效力，不用，就杀掉他。"鲁庄公赞赏施伯的意见，要杀管仲，齐国的使者忙求见鲁庄公，说："管仲射杀我国君，国君非亲手杀他才解恨。"鲁庄公不敢抗拒，只好把公子纠的脑袋和管仲交给了齐国的使者。管仲坐在囚车里，心想："让我活着回去，准是鲍叔牙的主意，万一鲁庄公后悔，派人追杀怎么办？"于是他编了一首歌，教随从的人唱。人们一边唱，一边赶路，忘了疲劳，两天的路一天就走到了。后来，鲁庄公果然后悔了，派人追赶，但管仲他们早已走出了鲁国地界。

管仲来到齐国的曲阜，鲍叔牙已在那里等候了。

齐桓公战胜了公子纠后，召集百官论功行赏。他委任鲍叔牙为上卿，总理国政。鲍叔牙辞谢说："我只能遵礼守法，保国安民，但我没有本领使主公成为霸主，名垂后世。"齐桓公雄心勃勃，极想有所作为，一听这话，便问："当今天下，能有这样的奇才吗？"鲍叔牙说："管仲是天下奇才，可用他为相。他准能给你干出一番大事业来。"齐桓公说："管仲拿箭射过我，差一点要了我的命，我不想用他。"鲍叔牙说："那时候，他是公子纠的师傅，人臣各为其主嘛！现在主公要是能够抛弃私仇，重用于他，他会忠心耿耿为你创建霸业的。"齐桓公高兴地说："既然他是天下奇才，我不记射钩之仇。"于是齐桓公亲自到郊外去迎接管仲，任他为相，并尊称他为仲父。

管仲当了齐国的相之后，对齐国的政治、经济、军事等各个方面进行了一系列改革，数年之间，使齐国国富兵强，齐桓公也成为春秋时期中原地区的第一个霸主。齐桓公得意地说："吾得管仲，犹飞鸿之有羽翼也。"而管仲则念念不忘鲍叔牙对自己的情谊，他曾感叹说："我年轻穷困时，曾与鲍叔牙一起经商，分钱时自己分得多些，鲍叔牙知道我不是贪财，而是因为太穷。我曾为鲍叔牙办事，但是办得很糟糕，鲍叔牙知道我不是笨，是因为时机有顺利不顺利。我曾经三次做官，三次被罢免，鲍叔牙知道我不是不贤，是因为不逢机遇。我在打仗时曾三战三败，鲍叔牙知道我不是胆怯，是因为家中有老母。公子纠失败，召为之自杀，我受辱成了囚犯，鲍叔牙知道我不是无耻，而是不拘小节而耻于不能名扬天下。真是生我的是父母，了解我的是鲍叔牙啊！"

后人因而有"管鲍之交"的典故，用来指彼此知心，友谊深厚。

寒山、拾得以诚信相交

寒山寺供奉的寒山、拾得是唐代的两位高僧，至今还有他们的诗集传世。两人出家前就是好朋友。寒山出家以前是个杀猪的，经人介绍与家住青山湾的姑娘攀了亲，然而姑娘与拾得相好，对此，寒山事前并不知道。寒山了解了真相后，为了成全拾得，毅然离开姑娘，到了苏州立庵修行。拾得发觉后，决心离开姑娘去找寒山，途中为了图吉利，

（清）寒山、拾得图

顺手在池塘采一枝荷花，经过长途跋涉，终于找到寒山。寒山见拾得到来，手捧盛着素斋的篦盒去迎接，两人相视而笑。寒山寺碑刻上的"和合二仙"，就是这两位朋友久别重逢的写照。以往许多地方的婚嫁的挂轴、春节贴的门神，都是一个手持竹篦盒，一个手持荷花，笑容可掬。"和"（荷）是互相和睦，"合"（盒）是协力同心合作，"和合二仙"象征着人与人之间关系和谐。

总之，《周易》认为要使朋友和谐就要慎交，要讲诚信，要以贞正为本，要共济艰难。

第五章 《周易》的上下和谐之道

一、泰和——君主与臣民上下交通致和

　　《周易》历来被奉为"王天下之道"的治国理政的最高原理，这不是没有原因的。翻一翻齐家治国必读之经典《群书治要》，就可以明白《周易》以阴阳哲学为核心的易道来观察和解释社会政治领域的问题，形成了一种追求社会整体和谐的政治理想以及一系列服务于它的应用原则。

历代思想家和政治家均十分重视这套政治学说，用于拨乱反正，克服君主专制政体所造成的危机，变宏观与微观层面的无序为有序，化冲突为和谐，对中国两千年的政治文化和社会发展产生了深远的影响。

《周易》治国理政智慧的精髓是什么呢？习近平总书记于 2014 年 9 月 24 日在纪念孔子诞辰 2565 周年国际学术研讨会的讲话中，把中国传统文化和谐思想概括为"关于中和、泰和、求同存异、和而不同、和谐相处的思想"。其中"泰和"就是治国理政的大智慧、大学问、大原则、大道理。这一思想源于《周易》的《泰》卦。

《泰》卦（䷊）的卦辞曰：

> 小往大来，吉，亨。

《彖》曰：

> 泰：小往大来，吉，亨。则是天地交而

万物通也，上下交而其志同也。

泰是通泰的意思。卦辞中的"小往大来"是就《泰》卦的上下卦而言的。

《周易》以阴为小，以阳为大。《泰》卦的上卦为坤为阴，又属外卦，所以有"小往"之象，下卦为乾为阳，又属内卦，所以有"大来"之象。

《泰》卦下乾上坤，象征阳气下降，阴气上升，阴阳之气相交合，从而雷行雨施，万物旺盛生长，所以卦辞中说《泰》卦预示着吉祥、亨通。之所以吉祥、亨通，是因为《泰》卦下乾上坤，象征天地中阴阳之气交合，万物通泰；同时象征君臣上下志趣相同，相处融洽。

从《泰》卦的卦画结构来看，是乾下坤上，即天在下，地在上。天下地上，就与天地的正常位置恰好相反，为什么会预示吉祥、亨通呢？

原来，《周易》把阴阳之气交合看成吉祥、亨通的前提，若天在上，地在下，则天气上升（因为天气属清阳飘浮之气），地气下沉（因为地气属浊阴沉滞之气），天地阴阳之气无法交合。而天在下，地在上，则意味着在下的天气上升，在上的地气下降，阴阳之气恰好能够交合。《周易》以天下地上为"泰"，而天上地下则"否"，意味着闭塞不通。只有当天地阴阳之气相交时，万物才能通泰，所以君主必须根据这一原则来治理民众。

"泰和"就是天地之和，天地之和叫作"泰"。由自然之"泰"推及社会之"泰"，就是要使君民、君臣上下和谐。天子、国君礼贤下士，以民为本，以民之所欲为己任；贤能之士，汇聚于庙堂之上，谋略政治，策划经济，君臣一心，君民一意，这个局面就是几千年老百姓一直企盼的"国泰"。

《泰》卦的《大象》曰：

> 天地交泰。后以财成天地之道，辅相天地之宜，以左右民。

"后"指君王，是说君主看到天地交泰的卦象就要

南宋马和之绘制《周颂清庙之什图》之五，描绘了周文王治理岐山，使岐山百姓安定富足的情形

仿效天地交通的精神，裁节成就天地的运行节律，辅助天地化生万物，使之合宜，来扶持帮助百姓，使百姓生活幸福，国泰民安。如果不是这样就会否塞不通，也会丧失政权。

《否·象》曰：

> 天地不交而万物不通也，上下不交而天下无邦也。

就是说，天气与地气不交合，万物不会生长；君主与臣民不通气，邦国定然有危险。

《同人·彖》曰："唯君子为能通天下之志。"即只有保持君子的高尚情操才能通天下臣民的志趣。用朱熹的话说：

> 通天下之志，乃为大同。①

质言之，"泰和"就是君民、君臣上下和谐。《周易》的"泰和"思想充满了治国理政把君民、君臣之间关系看成刚柔相济、阴阳配合的统一体的智慧。

古往今来的人们，无论社会层次高低，无论是东方人还是西方人，都抱有一种共同的良好愿望：期盼这个世界永久保持通泰、平和、繁荣的景象。站在宏观的角度看世界，我们或许会萌生出试图探索某种哲理规律的念头，想弄清楚自然万物要如何才能走向亨通？人类社会要怎样创造

---

① （宋）朱熹撰，廖明春点校：《周易本义》，中华书局2009年版，第79页。

安泰环境？

《周易》的哲学告诉我们：上下交通、阴阳应合，是导致事物"通泰"的关键——这就是《周易》六十四卦中《泰》卦所蕴藏的颇为深刻的思想内涵。

那么，何谓《泰》卦之"泰"？"泰"之为义又具备哪些内容？从文字训诂的角度分析，泰即是"通"之义，故《序卦传》说："泰者，通也。"王弼《周易注》曰："泰者，物大通之时也。"东汉时期班固的《汉书·刘向传》曾指出：

> 君子道长，小人道消。小人道消，则政日治，故为泰。泰者，通而治也。

这里把"泰"与政治上的通畅结合起来训释。

事实上，泰的寓意至为广泛，从大自然一年四季的运行规律来看，每年春天一到，阴阳之气交谐和畅，草木萌生复苏，万物欣欣向荣，日益亨顺通达，这便是大自然运行的通泰情状。中国古人把农历正月阳和亨通之景称为"三阳开泰"，其典即出于此。若像上举《汉书》那样，将泰之义引用于国家政治上，则体现为政局清明，社会祥和，人民生活蒸蒸日上、美好安宁，即古人常常赞美的"政通人和，国泰民安"的天下大治的盛况。因此，明代张居正认为："夫泰之时，和气洽而理道昌。一有壅阏，不足为泰。"其说正是以政通而"理昌"之旨表明"泰"作为施政标准的意蕴所在。

其实，想真正明白《泰》卦的象征主体，还得从本卦上下卦的卦象入手。

我们初看《泰》卦（☷☰）的卦象，可能会大惑不解：此卦的下卦乾为天，上卦坤为地，天在下而地居上，天地的位置怎么颠倒了？这样岂能有"泰"呢？殊不知恰恰如此，才足以说明本卦所强调的"交"而后能"泰"的义理。在《周易》的作者看来，阳气是腾上居尊的象征，阴气是凝下处卑的象征，一旦下乾的三阳之气上升而与上坤的阴柔之气沟通，上坤的三阴之气下降而与下乾的阳刚之气融合，则阴阳相交相应，事物的发展因之而畅通无碍、蓬勃昌盛。

如果前面对《泰》卦上下卦象的分析尚使人有过于理论化、抽象化之嫌，不易于直接理解的话，我们还可以联系现实再作一些更具体的阐述。譬如前人曾把《泰》卦中的下卦乾比作国家或地方的上层执政领导，把上卦坤比作社会最底层的广大平民百姓，当上层领导能够深入民间，体察百姓疾苦，多做有益于百姓的好事，而民间的各种情实也可以及时有效地上达于领导阶层——在上者用心于下，在下者拥戴于上，上下沟通交合，必能共同创造出一个美好安泰的社会。若反其道而行之，执政者高高在上，作威作福，欺凌百姓，而民间疾苦无法上达，正当权益得不到有效的保护，甚至有冤无处申，上下之间总是隔着一条不可逾越的鸿沟，这是一种世人所深恶痛绝的、闭塞无道的社会状况，与繁荣昌盛的"通泰"景象又何止相去十万八千里呢？

还有人把《泰》卦的卦象所含的哲理与当代

企事业的管理思想结合起来理解。其旨在于：一个公司或一个部门的首脑，其职位虽高，但他必须认真关心体贴下属，与之感情交融，充分调动、发挥基层职员的积极性和创造力，唯其如此才能使事业发达亨通——这不正展示着"阴阳交泰"之理吗？

当然，《泰》卦的卦象中起决定作用的是"乾"之三个阳爻能够"主动"居下，犹如"领导班子"能够"主动"深入基层，这是开创"通泰"景象的最根本前提。我们在前文提到的中国传统的吉祥语"三阳开泰"，若将之置于政治或人事的角度理解，无疑也寓含着这一旨趣。因此，《泰》卦的《象传》在明确揭示了上下阴阳相交的深刻意义之后，概括性地高度赞颂了事物"交泰"的美好情状："天地交而万物通也，上下交而其志同也。"

当世界通泰之时，万物和融，社会安定，刚正"君子"之道盛长，柔邪"小人"之道消亡。所以《泰》卦的卦辞称：

小往大来，吉，亨。

小谓小人，往犹言消亡；大谓君子，来犹言盛长。而在六爻之中，也纷纷体现着上下相互"交通"的意义：初九与六四交应，为通泰之始；九二与六五交应，为通泰之盛；九三与上六交应，为通泰之终。很明显，此卦六爻相应的状态，正是事物相交而致泰的象征。

这里最值得人们深思的，是九三和上六两爻在交应中所体现的"泰极否来"的哲理——九三以阳爻处下卦终位，是转化的苗头，以"无平不陂，无往不复"示警；上六以阴爻居上卦末位，是转化的终极，以"城复于隍"见义。这两爻的内在旨趣，并非仅仅表明事物处泰既久必将导致否闭的哲理，更在于告诫人们当安泰之时，应注意防备可能出现的否闭状况，不能因泰致骄而忘乎所以。

中国古代哲人十分敏锐地观察到，事物的发展往往具有朝着对立方向转化的现象。《诗经·小雅·十月之交》说：

> 高岸为谷，深谷为陵。

意思是高山可以化为深谷，深谷又可以变为高山，亦即"沧海桑田"之谓，与上引《泰》卦九三、上六两爻的爻辞"无平不陂，无往不复""城复于隍"诸语的旨趣颇可相通，故可以借来印证这两爻所寓涵的鉴诫意义。

在我们的人生旅途中，当我们置身顺遂如意的安泰景况，事业通达而生活优裕，我们是否能够保持清醒的头脑，汲取《周易》哲学的"营养"以"处泰虑否"呢？

通过对《泰》卦哲学内涵的理解，我们必须明白的一个道理是：走向通泰之途的关键，有待于上下阴阳之间的沟通应和；保持通泰境界的要领，则在于因泰而知否。

对《周易》关于君民、君臣关系的思想必须做具体分析。一方面，《周易》极为重视尊卑贵贱，认为这有利于社会秩序的稳定。 《系辞传》曰：

> 天尊地卑，乾坤定矣。卑高以陈，贵贱位矣。
>
> 夫乾，天下之至健也，德行恒易以知险；夫坤，天下之至顺也，德行恒简以知阻。

乾是至健、至刚，坤是至顺、至柔。刚柔关系象征天地、君臣、父子、夫妇的关系，君、父、夫为刚，臣、子、妻为柔。刚柔相应为吉，相敌为不吉。

中国古代长期处于封建专制社会，在这种专制制度下人与人之间的关系大多处于一种不平等的状态。《周易》的君民、君臣上下之间关系思想的主流是尊卑等级观念，这是应该否定的。但是，另一方面，《周易》中关于君民、君臣上下关系和谐的思想却是十分宝贵的。

《周易》把求同存异奉为指导处理君民、君臣关系的根本原则。余敦康先生认为，《周易》根据阴阳哲学的原理，把君民、君臣之间的关系看成是对立的统一，既有相互依存的一面，又有相互对立的一面。但是，《周易》并不像法家那样把这些对立绝对化，主张君主必须站在臣民的对立面对他们进行强制性的控制，而是认为君主应该从对立中看到统一，把求同存异奉为指导政治的根本原则。按照这个看法，凡是加强君民、君臣的依存关系使二者达到和谐统一的政治，就是成功的政治，反之，凡是破坏这种依存关系，使二者形成对抗局面的政治，则是失败的政治。这种依存关系是政治稳定、社会和谐的基础，从根本上决定政治的得失，所以君主和臣民都应该以大局为重，根据一体化的要求来约束自己的行为，使这种关系不受到破坏，特别是处于权力结构顶端的君主更应如此[1]。

---

[1]　余敦康：《周易与中国政治文化》，载《易学今昔》，华东师范大学出版社 2005 年版，第 81 页。

二、《周易》关于君民和谐的论述蕴含着精湛的民本思想

《周易》关于君民和谐的论述里蕴含着十分精湛的民本思想，主要包括以下八个方面。

（一）贵民说

贵民就是主张民为邦本、人民在国家中的地位和作用比君主更重要的思想。《周易》的贵民思想表现在"吉凶与民同患"与"不远民"两个方面。

《周易》树立了一个"吉凶与民同患"评价政治得失的标准。《易传》站在阴阳哲学的高度对民本思想进行了系统的论证，把它纳入广阔的天人之学的体系之中。

《系辞》指出，《周易》之所以能开通天下的思想，成就天下的事业，是因为它能"明于天之道，而察于民之故"。所谓"明于天之道"，是说

对自然规律有着深刻的了解；而"察于民之故"，是说对民众的忧患安乐有着切身的体察。就自然现象而言，天地万物在阴阳规律的支配之下，相互依存，流转变化。就社会现象而言，情形亦复如此，君民之间相互依存，结为一体。如果不能体察民情，制定符合民心的政策，这就根本不可能通天下之志，定天下之业。《周易》由此树立了一个评价政治得失的确定的标准，即"吉凶与民同患"。吉为政治之得，是政治的成功；凶为政治之失，是政治的失败。政治的得失取决于君主是否以民众的吉凶为吉凶，以民众的忧患为忧患，也就是说，应该根据民心的向背来评价政治的得失。

再说"不远民"。《姤·九四》曰：

包无鱼，起凶。

《象》曰：

　　　　"无鱼"之凶，远民也。

　　就是说，厨房里没有鱼，有凶险。《象传》说："没有鱼，而有凶险，是因为远离民众。"

　　这就是说，第一，君主连起码的生活必需品都得不到，其处境、前程就充满危机、凶险了。第二，造成这一状况的原因固然很多，但根本原因在于脱离民众。当然，君主能否做到"不远民"即不脱离群众，在更大程度上并不仅仅取决于君主的个人素质，还取决于社会制度、领导体制。

　　代表剥削阶级利益的君主，不可能与被剥削者即广大民众建立密切的联系。在那样的制度下，除个别开明的君主能体察下情，为民办事外，绝大多数君主，是不可能不远民的。而在人民当家做主的制度下，领导者才可能真正与民众打成一片，它是由领导者和被领导者共同的、根本的利益决定的。

周革殷命

　　在殷部落活动于河南、山西一带的时候，

在渭水流域活动着一个姬姓部落。姬姓部落的始祖叫稷，又称后稷，曾教人种植五谷，大约那时我们的祖先进入农耕社会。后稷的后人中有两个很有作为的人物，一个是公刘，一个是古公亶父。公刘劝导百姓辨地宜，务耕作，生产得到相当发展，百姓们过得都很富裕。古公亶父是一个很仁德的酋长，史载：他"积德行义，国人皆戴之（爱戴他）"。据说，一个薰育部落声言要他们的财物，前来攻击，古公亶父为避免战争，就答应了要求。薰育又来进攻，这次是要他们的土地和人民。百姓们愤怒了，要求与薰育部落拼命。古公亶父说："百姓们立君，是要君主为百姓们谋利益。现在百姓们因为我的君主地位而去打仗，等于让我杀掉他们的父子兄弟而保住我的地位，我是决不忍心这样做的。况且，百姓们在我这里和在薰育那里有什么两样！"于是他率领一部分随从离开了居住的豳地，渡过漆、沮二水，南迁到岐下。豳地百姓感戴古公亶父的仁爱，也扶老携幼跟随而来。其他的好些部落听到古公亶父这样爱护他的下属和百姓，也纷纷归顺。

古公亶父的孙子名叫昌，被商朝末代君主纣封为西伯，这就是周文王。

周文王更是一个仁义之人。他礼贤下士，为了延揽人才，常常顾不上吃饭去接待那些有才能的人，虚心听取他们的意见。当时一些著名的贤士如太颠、闳夭、散宜生、辛甲大夫等人都投奔而来。他又在渭水之滨访到了很有才学和智谋的姜太公，协助他治理国家。

商朝的最后一个国君是纣王。纣王刚做国君之时，国泰民安，天下无事。在这样的情况下，纣王只想着恣意享乐。他宠幸美女妲己，做尽了坏事。

纣王有三公，分别是鬼侯、鄂侯和西伯侯。西伯侯即姬昌，就是后来的周文王。鬼侯为了显示对纣王的忠诚，把自己的女儿献给了纣王。他的女儿端庄美丽，不会像妲己那样讨纣王的欢心，所以不久就被害死了。纣王又迁怒于鬼侯，把鬼侯也杀了。鄂侯知道了，向纣王大呼鬼侯冤枉，惹怒了纣王。纣王命人把鄂侯也杀死了，还把他的肉晒成了肉干。西伯侯姬昌知道了这些事情，又目睹纣王继续荒淫无道，心急如焚，但又不敢直言，害怕招来杀身之祸。

一天，姬昌心情烦闷，不禁多喝了几杯。醉酒以后，他发了顿牢骚，发泄了对纣王的不满。不料隔墙有耳，奸臣崇侯虎将这件事报告给了纣王。他说："大王要防着西伯一点，他平时好收买人心，好多诸侯都向往着他。大王这次杀了鬼侯和鄂侯，他却在那里发牢骚，将来怕是对大王不利呢！"纣王听了，非常生气，马上派人将姬昌抓起来，拘禁在羑里（今河南汤阴北）这个地方。羑里是殷朝最大的监狱。牢房很潮湿，只在屋顶开了个小窗，就算人插翅也难飞出去。姬昌的几位臣子知道了消息，很是着急，赶紧去羑里看望姬昌。因为守卫森严，姬昌和臣子们只能说些无关紧要的话。眼看分别的时间快到了，姬昌想出了个好主意。他向臣子们眨了眨右眼，意思是说，纣王很好色，要找些美女献给他。他又拿了一只弓把儿敲了敲自己的肚皮，意思是说纣王还想要自己的金银财宝，一定要献给他。他又在地上急促地来回跳脚，意思是说，要快啊，晚了性命就难保了。臣子们知道了姬昌的意思，就高高兴兴地回去了。

为了救父亲，姬昌的长子伯邑考前往都城朝歌（今河南淇县），向纣王献了几件宝物。但在妲己的指使下，纣王竟将伯邑考活活煮死。纣王听人说姬昌是个先知先觉的圣人，有着特殊智慧，能预知事情，就命人用伯邑考的肉做成肉包子送给姬昌，逼他吃下去，以此来检验一下传言是否可信。若姬昌不吃，就说明他的确能预知未来，一定要把他杀掉，以绝后患。纣王侍从们给姬昌送来了肉包，姬昌知道这是自己亲生儿子的肉做成的包子，他痛彻心扉。可他知道，如果不吃，大祸将临。为了有朝一日能脱离牢笼，姬昌强压悲愤，在心中默念："伯邑考，伯邑考，为父的好儿子，为了西岐百姓，原谅父亲吧。"他不动声色地把包子吃了下去。侍从们回去禀报了纣王，纣王对姬昌的戒备之心便少了几分。等侍从们一离开，姬昌痛哭失声。突然，他感到胃里一阵难受，"哇"的一声把刚吃下去的包子全吐了出来。后来，姬昌的臣子买通纣王宠臣，向纣王献上了许多奇珍异宝。纣王一高兴，就同意释放姬昌。

姬昌获得了自由，很快回到了家乡西岐。姬昌是个仁慈的人，他广泛推行仁政，制定法令规定百姓助耕公田，交纳九分之一的租税。大小官员都有土地，子孙继承，作为公家的俸禄。商人来往各地，关市不收税；不禁止在水池、河渠里捕鱼；一人犯罪，妻子儿女不受株连。这些仁政，与纣王的暴政形成鲜明对比。商朝的老百姓纷纷逃往周地。

姬昌虽然贵为国君，但他常常穿着普通人的破旧衣服，到田地里劳动，日出而作，日落而息。他对老百姓很仁慈、宽容。一次，姬昌派人挖池，挖出了死人的遗骸，官吏把这件事报告了姬昌。姬昌叹了口气说："另外找个地方把他埋葬了吧。"官吏答道："这遗骨没有人来认领啊！"姬昌正色说道："拥有整个天下的人就是天下的主人。拥有整个国家的人就是一个国家的主人。现在我不就是这遗骨的主人吗？"于是下令让官吏给遗骨穿上衣服，找了个僻静的地方埋葬了。四方的百姓听说了这件事，都说："我们的大王真是贤明啊！他的恩惠施及死人的遗骨，更何况对活着的人呢？"于是老百姓都拥护爱戴他，愿意亲近他，向他提意见和治国的建议。

有一次，有人告诉姬昌："老百姓在怨恨你呢！"他听了以后，就召集臣子让他们指出自己的缺点和过失，从而对自己的言行更加谨慎。如果真的是自己的过错，他就赶快改正。如果不是，就记在心里，勉励自己。

于是，各地的贤德之士都来投靠周国。住在孤竹国的伯夷、叔齐听说西伯（即姬昌）善待老人，也投奔在他的门下。

姬昌丝毫不敢懈怠，他更加认真地治理国政。他礼贤下士，又亲自请来了姜子牙，为他歼灭纣王出谋划策，并让姜子牙经常给自己提意见，从而使自己不偏离正道。

周文王是中国古代理想君王的典型，身处商朝末年，他在周族部落内部，"笃仁，敬老，慈少"。鉴于商政昏暗，他所推行的治民政策也与商朝迥异。他禁止暴饮烈酒，禁止荒淫的生活，节制征收租税，实行宽松的税收政策。农民耕田，交纳九分之一的租税，官吏终身领受公禄；商人往来，关市不收税；水泽捕鱼、高山采集，官府也不禁止。这样一来，与商纣王的残暴统治就形成了鲜明的对比。

在周文王即位的第八年，文王卧病在床五天而发生了地震，震动范围东西南北不出国都四郊。百官都请求说："我们听说，地之所以震动是因为国君的缘故。如今大王您卧病五天而地震，震动的范围又不出国郊，群臣都十分恐惧，请把灾祸移走吧！"文王说："怎么移走它呢？"臣子回答说："征发徭役，发动民众，来增筑国都的城墙，大概就可以把灾祸移走吧。"文王说："不行。上天显现灾异是为了惩罚有罪的人，我必定是有罪，所以天借此以警示我的。如今如果为此而增加徭役，那只能加重我的罪责，这是不行的。我只有从此增加自己的美德，或许可以免除灾祸吧！"于是文王整顿了治民政策。没过多久文王的病就好了，地震也停止了。

这时商纣王昏庸荒淫，百姓们怨声载道。在姜太公等人的辅佐之下，周文王把他的百姓紧紧地团结在自己的周围。

文王在各小诸侯国中有很高的威信。当时芮国与虞国国君争夺耕地，久而不决。他们说："西伯是个公道的人，我们请他去评评理。"他们走到周国国界，见耕者让畔，行者让路，年轻人都帮着老年人提东西。大家都觉得很惭愧，说道："我们所争的，是周人感到耻辱的。何必再去见西伯，去自讨没趣！"便各自回国，互相谦让着解决了争端。

　　商纣王仍然在国内实行暴政。有一种刑罚特别残酷，就是把铜柱抹上油，按长条格排开，底下生上火，让罪犯赤脚在铜格上行走。罪犯走不上几步，就掉在下面的火坑里烧死了。这叫炮烙之刑，商纣王以此取乐。西伯难过极了，他派人告诉商纣，愿意把几百里洛西之地献给他，来换取他取消这种炮烙之刑。商纣王觉得很合算，便高兴地答应了。

　　西伯在各诸侯国的威信逐渐高涨起来。他实际上已经控制了全国三分之二的土地人口。

西伯 97 岁了，他做好了伐纣的一切准备。但他就要死了，自己无法去实现这个愿望。临死前，他把儿子姬发（周武王）叫在面前，嘱咐他节俭爱民，永葆王业。他说："儿啊，我告诉你，我所做的一切，我一生的品德，你要作为一笔最大的财宝，继承下去，传之子孙。要对人忠信，爱护百姓，不要骄奢，不要贪图美色。你看我的居室，茅草为顶，束木为柱。这都是为百姓惜费。拥有百姓，就是最大的富有。你要切记！"

武王在父亲死后的当年，载着父亲的木主去伐纣。很快灭了商朝，建立了周朝。周武王没有辜负父亲的期望，他也是一个爱民的仁慈国君。

楚汉之争

秦二世元年（前209），陈胜、吴广起义反对秦王朝暴政。时隔不久，项羽在浙江会稽也起义了。项羽，名籍，体格健壮，力大无比。他和叔父项梁杀了会稽的太守，开始反秦。

项梁派项羽去钱塘江上游的山中向一个叫桓楚的头领借兵，以求联合兵力，共同抗秦。项羽见到了桓楚，说明了来意。桓楚不以为然，说："你凭什么让我们听从你的领导？"项羽四下一看，发现院子里有一个铁鼎。他用衣带束了束腰，举步上前，要把这鼎举起来。桓楚告诉他这鼎有千斤重，恐怕他举不起来。项羽毫不理会，他一运气，握住鼎的两只脚，一使劲儿，千斤重的鼎竟被他举起来了。这令所有在场的人都瞠目结舌。桓楚和众将士一齐向项羽拜倒，表示八千兵士愿意听其调遣。

不久，项羽领兵渡江。这时，扬州有一支义军来归附。等过了淮水后，沿路招收义军，又招收了人马，军队达到六七万，他的军队在当时是最强大的。

几乎在同时，在江苏沛县，刘邦也起义

了。刘邦手下的兵力不足，因而在和秦兵战斗时没有得到太多土地。

秦国灭亡之后，项羽主持大会分封诸侯，自称西楚霸王，管辖淮河流域及长江下游地区。他封刘邦为汉王，管辖汉中、四川一带。许多诸侯对项羽的分封感到不满。时隔不久，田荣便在山东造反，而刘邦也在汉中出兵，攻占关中地区。第二年的时候，刘邦联合其他诸侯的军队达五十多万，一直打到项羽管辖的楚地，直逼都城彭城。

项羽平时对士兵很关心。战争结束后，他经常亲自去看望士兵，观察他们的伤势，他还把自己的好酒好肉分给受伤的人吃。因而，士兵们都很爱戴他。可是，奇怪的是，项羽虽然爱惜士兵，却对手下立有很大战功的将领不肯进行封赏。这些将领作战勇敢，屡立战功。他们立功之后，都欢欣鼓舞，希望得到霸王的奖赏。可是，项羽在得知立功的消息后，不仅不给予必要的赏赐，而且还让将领们交出攻打下的城池和土地，由他统一管理。一次又一次，将领们失去了信心。他们心生怨恨，不愿意再为项羽卖命，作战时也不如以前勇猛了，这直接影响了军队的士气和作战的质量。

与项羽不同，汉王刘邦心地并不善良，他稍有不顺心的时候，往往就对部下进行辱骂。所以，不少人对刘邦又恨又怕。有的人慕名来投奔他，刘邦也爱理不睬的。可是，虽然这样，他却赏罚分明。当将领们攻下了城池后，刘邦就把那些城池赏给将领们，由他们自己管理。后来，他拜韩信为大将军，同时也封手下将领英布、彭越等人为王，分给他们许多兵力任其调遣。重赏之下必有勇夫。刘邦的将士为了立功，在战场上拼死搏杀。伴随着战斗的节节胜利，许多将士得到了赏赐，斗志更高了。

秦朝时，自从秦始皇后期，到胡亥执政时期，朝廷残酷压迫和剥削百姓，致使民怨沸腾，并最终在起义军和各路兵马的攻伐下，很快走向了灭亡。从秦始皇轰轰烈烈地灭六国，建立统一王朝开始，到秦朝最后一位君主秦王子婴结束，秦朝的统治仅仅维持了十几年的时间。前期如此辉煌，而毁灭得却如此之快，这与秦朝残酷的统治是分不开的。在朝廷的经济剥削和政治压迫下，百姓苦不堪言。民心的离散加速了王朝的灭亡，这一点，义军看得非常清楚，尤其是刘邦和他手下的人。刘邦在进取关中时，就吸取了教训，通过争取民心显著地增强了自身的整体实力。

公元前206年，刘邦的军队先后攻下丹水、西陵、胡阳、郦、武关等地，接着又在峣下大败秦军，步步紧逼到秦朝都城咸阳附近的蓝田。在蓝田，刘邦把秦朝的军队打得落花流水，使其彻底失去了抵抗的能力。于是，秦王子婴把皇帝的印章和符节等包起来交给刘邦，向他投降。当时有人建议刘邦杀死秦王，刘邦却说："当初怀王派我带兵攻打秦国，就是因为我本身是一个宽容和善的人。况且如今他已经投降了，我们就更不应该杀他了。"于是，他把秦王交给其他官员后就带领军队进入了咸阳。

由于之前刘邦与楚怀王等人有约定，谁先进入关中，谁就做关中王。现在，刘邦攻下了咸阳，接受了秦王的投降，他就要准备在这里做关中王了。正当他准备在秦朝的宫殿中休息的时候，大臣张良和樊哙阻止了他，认为这样会有损民心。在他们的建议下，刘邦把宫殿中的贵重物品都封存起来，然后率领军队回到了霸上。

为了进一步争取民心，临行前，他还把当地各县的乡亲们召集到一起，与大家约法三章，他告诉大家："自从秦朝建国以来，大家饱受剥削已经很长时间了。因为害怕被灭族，你们甚至不敢私下议论朝廷的事情。因为害怕被处死，你们也不敢聚在一起讨论经书。现在情况不同了，我曾经和诸侯商量后约定，谁先攻下关中，谁就做王，所以我现在就是这里的王。作为关中之王，我今天要和大家约法三章：杀人的要处以死刑，伤害人和偷盗的要抵罪；除了这两项之外，秦朝所有的法令一概废除；所有的官员和百姓都像以前一样生活，不会受到任何骚扰。我们来到这里，是为大家除害的，并不会伤害任何人，你们不要害怕。况且，现在我就要率领我的军队回到霸上，等诸侯来到后，我们再商量管理关中的具体办法。"

接着，刘邦又派人向原来秦朝的官员和百姓传达自己的这些观点。百姓于是都非常高兴，争着送来酒和肉慰劳将士。刘邦坚决不接受大家的礼物，还说："我们现在还有很多粮食，已经足够用了，不需要百姓破费。"百姓听后更加高兴，都愿意刘邦做王。后来虽然在项羽的军事压力下，刘邦暂时失掉了关中，但取得了人心。刘邦第二次进入关中，又把过去供秦王朝统治者游猎的苑囿，让人民开垦为土地耕种，初步满足了无地和少地农民的土地要求。刘邦还赦免罪人，让他们恢复自由。这些措施受到了人民的欢迎。这为他最后打败项羽奠定了基础。

刘邦在经历了最初的几次败仗之后，减少了与楚军的正面交锋。他设下了计谋，让项羽的义父兼谋士范增离开了项羽。他又派彭越攻打楚军的后方，派韩信在河北、山东进行战斗，截断楚军的粮道。

楚军和汉军在荥阳（今河南荥阳东北）这个地方僵持了三年。楚军虽然也常常取胜，可是粮食供应不上，军队一天天少了，土地也越来越少。

汉四年（前203），项羽和刘邦讲和，划界为治。第二年，刘邦派淮阴侯韩信及英布、彭越联合数十万兵马攻打项羽，把楚军围困在垓下（今安徽灵璧东南）。

经过几天的拉锯战，身心俱疲的项羽没有攻破汉军的重重包围。一天晚上，他听到了汉军那里传来了楚歌，以为汉军已经完全占领了楚地。当楚歌响起时，歌声激起了许多士兵的思乡之情。于是，一夜间，好多士兵都跑散了，只有几千从江东跟来的士兵还愿意跟从项羽。项羽的妻子虞姬不忍拖累他，挥剑自杀。项羽看到这种情况，知道大势已去。他把军队分成几支人马，从不同方向突围。他自己率领百余名骑兵向南突围，一路上死伤惨重。等到冲到淮水时，只剩下十几名骑兵了。

追兵渐渐近了，项羽让手下将士解散，各自逃命而去。他独自向长江飞驰。傍晚时，他来到乌江渡口。摆渡的老人认出了项羽，愿意渡他过江。此时，项羽看到自己孤单一人的惨状，又想起当初在江东起义时的豪情壮志和驰骋沙场、所向披靡的辉煌，不禁慨叹世道变迁之快。他仰天长叹："天要使我灭亡啊！天要使我灭亡啊！我又有何脸面去见江东父老？唯有以死谢罪！"说罢，拔剑自刎。

一代霸王项羽，驰骋沙场近十年，虽然他失败的原因有多种，最根本的原因是刘邦争取民心获得人民支持，项羽所过残破，大失民心。

史载，项羽领导农民起义时，攻"襄城，襄城无遗类，皆坑之，诸所过无不残灭"。在新安，项羽坑秦降卒二十万，其中大部分是关中农民子弟。项羽进入咸阳后，放火烧掉了阿房官，杀死了秦王子婴，又大肆抢劫。在齐国，他更是烧杀抢掠，无所不为。在历时七年的征战中他常用"屠城"的办法报复抵抗他的军民，使很多平民百姓惨遭屠戮。这种野蛮的行为，使其大大丧失了民心。

国以民为本

隋朝末年，政治腐败，社会动荡。全国各地纷纷揭竿而起，统治者的地位已经摇摇欲坠了。这时，李世民还不到二十岁，他分析了当时的形势，多次劝说父亲李渊造反夺天下。公元 617 年 11 月，李渊占领了长安，推翻了隋朝的统治。次年，李渊称帝，建立了唐朝，立长子李建成为太子，李世民为秦王。

李世民在建国之前和建国初期，打了几次关键性的战役，在军队中有极高的威信。太子建成感到自己的地位受到了威胁，决定拉拢弟弟元吉除掉李世民。

这场兄弟之间的明争暗斗日益激化。公元 626 年 6 月 4 日，李世民发动了"玄武门之变"，派兵射死了建成和元吉，使自己成为唯一的皇位继承人。事过不久，李渊将皇位传给李世民。第二年，李世民改年号为贞观。在李世民统治期间，政治、经济、文化、军事等方面都有较大的发展，形成了非常繁荣昌盛的局面，史称"贞观之治"。

李世民当政期间，实行了许多新的政策，其中最著名的就是"纳谏"，鼓励大臣们向皇帝提出意见。这方面最出名的代表就是魏徵。

唐太宗李世民像

有一天，李世民与魏徵讨论治国之道。李世民问："隋朝灭亡的原因是什么？"魏徵回答说："失去民心。"

李世民又问："人民和皇帝应当是什么关系？"

魏徵说："皇帝就像一只大船，人民就是汪洋大水，大船只有在水中才能乘风前进；

但是，水能载舟，同时也能将船弄翻。太上皇（李渊）举义旗推翻隋朝统治就说明了这一点。所以，作为君王要时刻记住水能载舟，亦能覆舟。"

李世民说："一位君主怎么样叫明白，怎么样叫昏暗呢？"魏徵答道："兼听则明，偏信则暗。君王要多多听取意见，才不会被个别小人欺骗。"

李世民采纳了魏徵的建议，鼓励大臣们提出意见，批评皇帝的错误。李世民从各种意见中博采众议，制定国家政策，唐朝从此走向繁荣。

"君舟民水"是对君民关系所做的形象的比喻。一国之君好像船，百姓好像水，水能够载船使之行进，亦能够颠覆船让它沉没。这在吴兢的《贞观政要》中出现过五处，三处见于魏徵所言，两处为唐太宗所说。可见这是贞观时期君臣的共识。

"君舟民水"以及"水能载舟，亦能覆舟"的观点，最早见于《荀子·王制》：

　　　　传曰：君者，舟也；庶人者，水也。水则载舟，水则覆舟。

荀子用了"传曰"二字，说明在荀子之前就有这一主张了。

　　君民关系是先秦诸子普遍关心的议题，其中让人们津津乐道的当为孟子的民本思想了。他从"民贵君轻"出发，主张"制民之产"（给民众一份固定的土地）、"与民偕乐"（君主不能独自享乐）。孟子有见于民心的向背是得天下或失天下的关键，故强调"得其民有道"，把民众所希望的东西，替他们积聚起来，民众所厌恶的，不要强加给他们。荀子的"水则载舟，水则覆舟"的观点，无非是孟子民本思想的延续。唐太宗以此来统治天下，对孟子、荀子的民本思想有所继承。

　　在历代帝王中，唐太宗的民本思想异乎寻常

地凸显在人们的眼前。贞观二年（628），唐太宗有"国以人为本"①的表述。"人"为避"民"之讳，故"国以人为本"，就是"国以民为本"。究其原委，是唐太宗有着畏民情结。他对太子李治说"尔方为人主，可不畏惧"，这是内证；贞观六年（632），魏徵在提出"君舟民水"的比喻后，说"陛下以为可畏"②，此为外证。最有力的证据，是唐太宗亲撰《民可畏论》：

> 天子者，有道则人推而为主，无道则人弃而不用，诚可畏也。

唐太宗把民众作为令人畏惧的、可以选择君主的异己力量，其畏民心理源自于隋亡的教训。隋唐鼎革之际君臣易位的事实，让唐太宗认识到推翻暴君在道义上的合理性。畏民情结背后的根源，是民众取舍君主的现实。亲历了隋末农民大起义

---

① 《贞观政要·务农》。
② 《贞观政要·政体》。

的李世民，于民众力量的认识是相当深刻的。他教训群臣说：

> 甲兵武备诚不可阙，然炀帝甲兵岂不足邪！卒亡天下。若公等尽力使百姓乂安，此乃朕之甲兵也。①

有此见识，唐太宗可称得上是一位伟大的政治家。

用舟水关系来比喻统治者和被统治者的关系，反映了中国古代一些有识之士对人民群众强大力量的重视，表现出强烈的贵民思想。

（二）临民说

《观·六三》曰：

> 观我生，进退。

① 《资治通鉴》卷一九三。

《观·九五》曰：

　　　　观我生，君子无咎。

《象传》解释说：

　　　　"观我生进退"，未失道也。
　　　　"观我生"，观民也。

　　《周易》中《临》卦（☷）特别强调了统治者应临民视事，深入下层，体察民情，并提出了"咸临""敦临""知临""至临"等体察民情的方法。临，《说文》说："监也。"《尔雅·释诂》说："视也。"是居高临下监视的意思，引申为统治。

　　《临·初九》曰：

　　　　咸临，贞吉。

　　意思是说，统治者如果能与民感应，又能守正道，这样临民就能获得吉利。所谓"咸临",就是以感化措施临治其民。

《临·九二》曰:

咸临,吉,无不利。

就是说,处九二的位置如果与民感应而临民的话,没有什么不吉利的。这初九、九二爻强调要和百姓感通相应。

《临·六三》曰:

甘临,无攸利;既忧之,无咎。

以甜言蜜语来哄骗百姓,这是没有什么好处的,但是如果能忧惧自己的过失而改正的话,咎害也不会长久。六三爻强调要以中正之道临民,不要欺骗民众。

《临·六四》曰:

至临，无咎。

六四"其于下体最相亲"①，意谓亲近地临治百姓，对大人君主来说，是合宜的，所以吉利。所谓"至临"，是说运用智慧治理其民，知人善任。

《临·上六》曰：

敦临，吉，无咎。

就是说要敦厚仁爱地临民。所谓"敦临"就是要以敦厚的态度临治其民，使民心悦服。

（三）信民说

信，即孚。何谓孚？《说文解字》曰："卵，孚也。一曰信也。"宋初文字学家徐锴在《说文解字系传》中说：

————————

① （清）李乐地撰，刘大均整理：《周易折中》，巴蜀书社1998年版，第181页。

鸟之孚卵，皆如其期不失信也。

就是说，孚的信用，是由鸟卵的信期引申而来的。孚的含义就是信用、信义、诚信。

　　"孚"字在《易经》各卦的爻辞中出现了多达二十五次，仅次于元、亨、利、贞四字，而《中孚》卦（☲）是专讲孚（信）的，足见孚在《易经》中的地位。《序卦传》曰："节而信之，故受之以中孚。"《杂卦传》曰："中孚，信也。"可见，中孚讲的是信用，这是《易经》重要的处世原则。

　　《易经》原文往往把"有孚"二字置丁元、亨、利、贞之前，其深层的含义，就是表明只有讲诚信才能有好的结果。如《需》卦辞曰：

　　有孚，光亨，贞吉，利涉大川。

这句话是说人要诚信，才能有光明的前途，一切都会是顺利的。

《讼》卦卦辞曰：

> 有孚，窒惕，中吉，终凶。利见大人，
> 不利涉大川。

这句话是说如无诚信，即使开始无恙，后果也必然是凶的。

《家人·上九》曰：

> 有孚威如，终吉。

这句话是提示交往必须有诚信，有诚信才有尊严。

《小畜·九五》曰：

> 有孚挛如，富以其邻。

这句话的意思是说邻里之间同样要团结友善，互相信任。

《易经》的《中孚》卦是专讲信德的一卦。

《中孚·彖》曰：

> 中孚，柔在内而刚得中，说而巽，孚乃化邦也。"豚鱼，吉"，信及豚鱼也。"利涉大川"，乘木舟虚也，中孚以"利贞"，乃应乎天也。

中孚是内心诚信的意思，这里的"中"指内心，"孚"指诚信。《中孚》卦（䷻）上下各为两个阳爻，中间为两个阴爻，外实内虚，有虚心待物之象。人能虚心待物，则能表现内心之诚信，故《中孚》卦的中孚有内心诚信的意思。

《中孚》卦下兑上巽，兑为泽，巽为风，风行泽上，则泽中之水随风而波动，有诚于中而感于外之象，这也可以从另一个角度说明《中孚》卦蕴含内心诚信之义。《中孚》卦下兑上巽，兑为泽，巽为木为舟，有水上行舟之象，故卦辞说"利涉大川"。卦辞中的"豚鱼，吉"，用感化小猪小鱼可获吉祥喻诚信之德广被微物，并称此事

利于涉险，利于守正。《中孚》卦的六爻从不同角
度阐发其理。

《中孚·初九》曰：

> 虞吉，有它不燕。

174　"虞""燕"都是"安"的意思。意思是说安守信
德，可以获得吉利，有其他的企图则不得安宁。

《象》曰：

> 初九"虞吉"，志未变也。

就是说处在初九爻的位置，安守信德的心态没有
改变。

《中孚·九二》曰：

> 鸣鹤在阴，其子和之。我有好爵，我与
> 尔靡之。

清代沈铨绘制《松梅双鹤图》

意思是说鹤在树荫下鸣叫，小鹤鸣叫着应和。我有一杯好酒，愿与你共同分享。这句话以鹤母子声鸣相和比喻人们只要内心诚信就能彼此心灵感通。

《中孚·六三》曰：

得敌，或鼓或罢，或泣或歌。

意思是说，遇到劲敌，或者击鼓前进，或者后退，或者悲泣，或者歌唱。

《中孚·六四》曰：

月几望，马匹亡，无咎。

这句话是说六四爻处中孚之时，诚心顺承九五君爻，而不与初九爻同类相应，表明信德的专一。

《中孚·九五》曰：

有孚挛如，无咎。

九五爻处中正之君位，是有信德于天下之象，故《象》曰：

"有孚挛如"，位正当也。

《中孚·上九》曰：

> 翰音登于天，贞凶。

就是说，声音高扬于天空中，占问得凶兆。这是以爻位阐释守信德要注意时境，知道变通的道理，不看具体对象和情况一味守信德那就是近乎迂了。

《中孚》卦初爻揭示安于守信，二爻揭示"以信感人"，三爻揭示"无信就无常"，四爻揭示"诚信不二"，五爻揭示"信感天下"，六爻揭示"信非所信"。总之，《中孚》一卦全面阐明了"中心诚信"之信德的重要。

《周易》进而对《中孚》卦的取信于民是治国理政的根本前提的思想做了阐发。《中孚·象传》曰：

> 中孚以利贞，乃应乎天也。

诚信之所以得吉利，是因为其顺乎天道。《中孚·

象传》还说：

> "中孚"，柔在内而刚得中，说而巽，孚
> 乃化邦也。

即诚实守信，上下和睦，同心同德，足以改变邦国面貌。《系辞传》引孔子对九二爻辞评曰：

> 君子居其室，出其言善，则千里之外应
> 之，况其迩者乎？居其室，出其言不善，则
> 千里之外违之，况其迩者乎。吉出乎身，加
> 乎民；行发于迩，见乎远。言行，君子之枢
> 机。枢机之发，荣辱之主也。言行，君子之
> 所以动天地也，可不慎乎？

其旨在揭明，凡中心真诚者，虽远亦能有应，即程颐《周易程氏传》所谓"至诚感通之理"。

鲁庄公取信于民

周庄王十三年（前 684），齐国向鲁国发动进攻。鲁庄公将要发兵应战时，鲁国人曹刿认为当政者庸碌无知，未能远谋，因而入见庄公，要求参与战事。

曹刿问庄公依靠什么同齐国作战，庄公说："对衣物食品之类东西，总要分赐给臣下，不敢独自享受。"曹刿说："这种小恩小惠不能施及全国，民众是不会出力作战的。"庄公说："牛、羊、猪等牺牲，美玉、丝帛等祭品，不敢对鬼神虚报数量，必定对鬼神诚实。"曹刿回答说："只是在小事上讲诚实，不能使鬼神信任，鬼神也不会赐福。"庄公又说："我对待大小狱讼，虽不能明察秋毫，但是必定酌情度理予以处理。"曹刿说："你能这样重视诉讼案件，取信于民，就能取得老百姓的支持，凭这一点就可以同齐国决一胜负了。"曹刿请求与庄公同赴战场，庄公允许他同车前往。

179

当齐鲁两军对阵于长勺时，庄公起初不待齐军疲惫就要擂鼓出击，被曹刿劝阻了。等到齐军接连三次擂鼓进军，曹刿才说可以出击了。于是，鲁军乘机反攻，凭借高昂的士气，一鼓作气，迅猛地冲向敌军。庄公看到齐军败退，便要发起追击，又被曹刿劝阻了。曹刿下车察看，发现齐军车辙的痕迹紊乱，又登车看到齐军的旌旗东倒西歪，判定齐军确已败退，才建议庄公实施追击。庄公下令追击齐军，取得了胜利。

长勺之战，鲁军胜齐军不是偶然的，在政治、军事上都有它成功的条件。政治上看，鲁庄公为了维护其统治地位，做了一些取信于民的工作。所以曹刿从利民是政治准备的根本这一点判断，认为可以同齐一战。曹刿认为如果进行战争，能够取得百姓的同情和支持，即使才智有不足之处，也具备了制胜的基本条件。

晋文公信守诺言

在我国春秋时期，曾经有五霸称雄，这五霸是：齐桓公、晋文公、秦穆公、宋襄公、楚庄王。在这五位霸主中，以晋文公称霸最不容易。晋文公曾经流亡国外十九年，饱受颠沛流离、缺衣少食之苦，最后在赵衰、胥臣、狐偃等贤臣的辅佐下回国即位，成就霸业。

晋文公（前697—前628）名重耳，是晋献公的儿子。晋献公生有五个儿子，长子申生、次子重耳、三子夷吾、四子奚齐、五子卓子。长子申生，被晋献公立为世子，准备继承爵位。奚齐的母亲叫骊姬，深受晋献公的宠爱，她想叫奚齐继承爵位，于是便买通一些大臣，施展阴谋诡计，于公元前656年逼死申生，逼走重耳和夷吾，从此重耳开始了十九年的流亡生活。

重耳在十九年的流亡生活中，曾经几次遇到危险和困难。在重耳刚逃走时，晋献公派大将勃鞮追杀他，勃鞮把他的袍袖割断，差一点杀死他。以后夷吾即位后，又派勃鞮杀重耳，又差一点将他杀死。重耳等人在经过卫国时，卫国国君下令不许他们进城，使他们差一点饿死。以后，重耳等人先后到过齐国、曹国、宋国、楚国，最后来到秦国。秦穆公于公元前636年亲率大军护送重耳回国即位，重耳回到晋国后杀死夷吾的儿子晋怀公，做了晋国国君，即晋文公。这时，重耳已是六十二岁的老人了。

晋文公即位后，选贤任能，重用贤臣，积极兴修水利，发展生产，又整饬军队，严明军纪，而且宽宏大量，讲究信义，晋国很快就强盛起来。晋文公讲究信义的事情很多，有的还成为成语典故。

史载：公元前636年，晋文公在秦军的护送下渡过黄河回国。临到上船时，晋文公看见自己坐的船上尽是些破烂衣物，于是便问为他掌管行李的壶叔是怎么一回事。壶叔跟随晋文公流亡在外十九年，吃了很多苦，深知生活的艰难，因此把破烂衣物全都放到船上，准备带回晋国。晋文公一听不禁大笑，说："我回到晋国后，就是晋国国君，哪能再要这些破烂衣物！"吩咐人把这些破烂衣物都扔到河里去。狐偃见此情形，急忙走上前，双手捧着秦穆公送的一对白玉，对晋文公说道："您就要回国做国君了，我狐偃也没有什么用了。以前跟随您在外流亡时，多有得罪之处，请您不要计较，并请您收下白玉，作为纪念。"晋文公知道自己错了，十分惭愧，便命令人把破烂衣物重新放好，并且流着眼泪对着黄河发誓："以后我如果忘了同甘苦共患难的人，就如同这河水！"

晋文公做了国君后，没有忘记跟随他同甘共苦流亡在外的大臣，都给予封赏。在封赏之时，追随他流亡十九年的大臣介子推，因为过河之后就去探视照顾老母，当时没有在场。晋文公因一时匆忙，也没有想起来。

晋文公事后想起，十分悔恨，便亲自到介子推所住的绵山寻找，一连找了三天也没有找到。介子推知道晋文公找他，但负气守志不出。晋文公无奈，为了让介子推出山，令手下军士放火，可是介子推仍然不出来，最后烧死在山中。晋文公更加悔恨，痛哭失声。为纪念介子推，改绵山为介山，并立祠堂祭祀。晋文公信守诺言封赏介子推，介子推爱惜名节不受封赏，以致烧死山中，这就是典故"介推焚死"的由来。

公元前632年，即晋文公即位后第五年，楚成王派子玉为大将，出兵讨伐宋国，宋国国君急忙向晋国求救，晋文公于是亲率大军援救宋国。当初，晋文公流亡到楚国时，楚成王对他十分优待。一天，楚成王问晋文公："你如果回到晋国当了晋国国君，那时将如何感谢我呢？"晋文公回答："金银财宝，楚国有的是，布匹粮食，楚国也多得很，我想不出如何报答您的恩德。"楚成王依然让晋文公说，晋文公想了想，于是说："我回到晋国当了国君之后，一定要使晋楚两国友好，如果不幸发生战争，那么晋国军队就要退避三舍（一舍三十里），以此来作为报答。"这次晋楚两军交战，晋文公信守诺言，命令晋国军队退避三舍，然后才与楚军交战，并获得了胜利。以后，"退避三舍"就成为一个有名的典故。

公元前632年，晋文公打败楚国之后，在践土（今河南原阳西南）会盟，齐国、鲁国、宋国、郑国、蔡国、莒国、卫国等国国君，都前来会盟，推举晋文公为盟主，晋文公成其霸业，称雄一时。

商鞅立木树信

在我国历史上，秦始皇之所以能够灭亡山东六国，统一天下，固然与他任用贤臣良将、谋略得当有关，此外还与商鞅有关。是商鞅实行改革，使秦国迅速强盛起来，为秦始皇统一天下奠定了基础。

商鞅（约前390—前338），原名公孙鞅，因为后来受封于商地（今陕西凤翔南），称之为商鞅，又称为商君。又因为商鞅是卫国人，又称之为卫鞅。商鞅少年时喜爱读书，尤其喜爱读兵法和刑法律令一类书，长大之后，见识不凡，才干出众。后来商鞅游学来到魏国，在魏国相国公孙痤的门下当宾客。公孙痤非常赏识商鞅，便推荐给魏惠王，但魏惠王见商鞅年轻，又没有声望，因而没有用他。

公元前361年，魏国相国公孙痤得了重病，魏惠王来探望，伤心地对公孙痤说："如果您一病不起，谁可以接替您的职务？"公孙痤回答："商鞅虽然年轻，可是很有才能，让他来接替我的职务，胜我十倍。"魏惠王听了没有说话，心中不愿意任用商鞅。公孙痤看出魏惠王的心意，知道他不肯重用商鞅，就说："如果大王不愿意任用商鞅，一定要把他杀掉，不然的话，别国必然重用商鞅，对魏国不利。"等到魏惠王走后，公孙痤把商鞅叫来，对商鞅说:"我刚才向大王推荐你，让你接替我的职务，但大王不肯重用。我又劝大王把你杀了，以免为别国所用，对魏国不利。现在你赶快逃跑吧!"商鞅听了之后毫不惊慌，安慰公孙痤说:"您好好养病，不必为我担心。大王既然不肯听您的话重用我，也不会听您的话杀掉我，我不用逃跑。"果然，魏惠王既没有重用商鞅，也没有杀掉他。

在这前一年，秦孝公即位，即位后下求贤诏书，准备进行改革。

公元前361年，商鞅听说秦孝公下求贤诏书，访求贤能的人才，于是就来到秦国，并且结识了一个叫景监的大臣。景监见商鞅很有才能，便引见给秦孝公。据史书记载，商鞅曾经三次见秦孝公，论述治国强国的道理。商鞅第一次见秦孝公时，讲述用仁政治国的方法，秦孝公不感兴趣，听着听着竟睡着了。商鞅第二次见秦孝公时，讲述历史上英明的君主治理国家的方法，秦孝公也不感兴趣。商鞅第三次见秦孝公时，讲述用霸道治理国家的方法，深受秦孝公的欢迎。秦孝公不顾秦国贵族的反对，任命商鞅为左庶长，掌管国家的军政大权，具体负责改革变法事宜。

过了一段时间，商鞅起草了新的法令，为了取信于民，保证新法令的贯彻执行，他采取了立木树信的方法。立木树信一事，记载在《史记·商君列传》中：法令已经准备好了，但还没有公布，怕百姓不相信，于是就在国都的南门树立了三丈高的大木杆，招募有能把它搬动到北门去的人，搬动后给十金。百姓们很奇怪，没有敢搬动的人。商鞅又说："能搬动的给五十金。"有一个人把大木杆拖到北门，果然给了五十金，以表明讲究信用。于是就发布了变法的命令。

商鞅在秦孝公的支持下，先后两次变法，使秦国迅速强盛起来，为秦始皇战胜六国、统一天下奠定了基础。商鞅采取立木树信的方式取信于民，也受到后人的赞扬。

贞观君臣诚信治国

贞观君臣十分重视"诚信"对取得民心的作用。唐太宗说："今欲专以仁义诚信为治。"① "吾以诚信御天下，欲使臣民皆无欺诈。""夫号令不信，则民不知听从，天下何由而治乎！"② "朕欲使大信行于天下，不欲以诈道训俗。"③ 唐初的君臣认识到，只有以诚信治国，使民众信任，令行禁止，国家才能治理好。魏徵认为：治国必须取信于民。

贞观八年九月初四，长安城朱雀大街大理寺寺衙的大门前，被人围得水泄不通。因为九个月前，唐太宗李世民和三百九十名死囚立了一个死亡之约，这个死亡之约是怎么回事呢？

① 《贞观政要·仁义》。
② 《贞观政要·杜谗邪》。
③ 《资治通鉴》卷一九二。

　　贞观七年的腊月，太宗视察朝廷的大狱，发现那里有三百九十名被判死刑的囚犯等待批准执行。太宗历来强调不要施行严刑酷法，用法要求宽减。他对死刑审核极为慎重，因为死刑之重事关人命，一旦草率，要想恢复，后悔就来不及了，所以他对这个死刑复核制度，非常重视。现在关在监狱里的这三百九十个人都经过了三复奏和五复奏的程序，实际上都是情无可原、罪无可恕、死无可冤的人。就是对这样的人，太宗也本着人道主义、人文主义的精神，对他们进行抚慰，并问他们对自己的罪责有没有什么异议？还有没有被冤枉的？这些人都认为自己确实是犯了死罪，没有一点异议，但是这些人都表达了一个强烈的愿望，希望自己能够再回家看一次父母妻子。

　　太宗想自己是帝王，是君主，这些人虽然犯了罪，但还是自己的臣民。所以太宗很快做了一个让现场所有的官员和这些囚犯都大吃一惊的决定。太宗跟他们讲，你们可以不受任何约束回家和亲人团聚，在亲情和家人的关爱当中度过人生中最后的时光。但是你们必须遵守一个约定，就是到明年的九月初四自行回到监狱里来伏法。这些死囚犯简直不敢相信自己的耳朵，听到这个话，谁敢相信呀？自己马上要被处死，皇帝竟然能答应他们毫无约束地回到家里去和自己的家人团聚。

他身边的户部尚书大理寺卿戴胄上前提醒太宗，这些都是杀人越货、罪大恶极的人呀！没有诚信可言，到时候他们要是不回来，你怎么向天下的人交代呀？你一定要三思而后行呀！戴胄专门负责司法，所以非常担心这些人一旦不回来，这个事情就闹大了。戴胄这么讲，太宗听了表情非常坚定，回答道："我们一定要用诚心才能够换来百姓的忠心。我相信他们这些人一定不会辜负这份信任。"话虽然这么讲，但是这些人真能够回来吗？

太宗心中也不确定。要知道，回来就意味着必须要受死，不回来能逃了一时就是一时，谁不想活着呀？

所以到第二年的九月初四这一天，很多人都来看热闹，看这些死囚到底回不回来，看皇帝和这些死囚的约定到底能不能真正实现？

没想到的是从这一天早上开始，这些死囚真的一个一个回来了。一个，两个，三个，最后到了约定的时辰，来了三百八十九个人，就差一个了。这时，管监狱的官员就找来名册，看看是谁没来。后来发现只有家住在京畿扶风离京城不远的名叫徐福林的还迟迟没有到。这一下不仅官员不满意，连回来的死囚都愤怒起来了，说这个徐福林良心被狗吃了，我要是有机会出去，要把这个徐福林给宰了，说他是一个不讲信用的小人。这些死囚看到还有一个同伴没来，都感到自己受了奇耻大辱。这时候所有的人都把目光转向了太宗，那时候太宗还很年轻，只有三十几岁，他还是非常镇定，他和大家讲，我们要再等一等。随着时间一点一点地过去，人们的表情都非常凝重了，心想这个徐福林可能不会来了，这个皇帝最终会因为死囚不能全部回来，让天下人看笑话。就在这个时候，远处传来了车轮声，有一辆牛车慢慢走了过来，从这个牛车的车棚里探出一个人头，这个人一脸蜡黄，好像得了重病，走近一看正是那个叫徐福林的死囚。这个徐福林在返回京城的路上病倒了，只好雇了一辆牛车赶路，结果比约定的时间晚了一个时辰。这一下太宗脸上露出了笑容。他感觉到自己没有看错这些人。这些死囚最后因为他们信守诺言，也得到了最高的奖赏，这三百九十个人全部都被太宗赦免了。而且太宗做了这个决定之后，没有任何一个人再提出异议。

在那个时代，虽然是罪大恶极的死囚，也都能够做到这个"信"字，正是因为他们都做到了"信"，信守诺言从容赴死，最终他们才全部得到赦免。唐朝著名的诗人白居易曾经在诗里面讲："怨女三千放出宫，死囚四百来归狱。"说的就是唐太宗释囚这件事。

明代的《帝鉴图说》中的《纵囚归狱》图，描绘了唐太宗让死刑犯回家过年，而这些死刑犯到期又回到监狱报到的情形

总之，"民信"是贯穿于诚信与政治统治之间的一根主线，取信于民是政通人和的前提。

（四）养民说

《颐·象》曰：

天地养万物，圣人养贤以及万民。

　　《周易》认为，天地长养万物，其大德曰生，君主的权位虽然宝贵，但是必须体现天地之大德。以仁爱之心关心人民，把养育万民的问题置于首位，这也是国家政权的根本职责。其所以如此，是因为"民为邦本，本固邦宁"，只有人民生活安定，国家政权才能巩固。如果人民的生计发生了问题，基础动摇，国家政权也必然随之而崩溃，这就如同高山剥落倾圮而附着于大地的情形一样。那么，如何做到惠民安民呢？《周易》认为：

　　一是损上益下，厚下安宅。《周易》的《损》《益》二卦则以损下益上为"损"，损上益下为"益"。故《益·象》曰：

　　　益，损上益下，民说（yuè）无疆。自上下下，其道大光。利有攸往，中正有庆。

　　意思是说，益，就是损减上面的，增益下面的，民众因此喜悦无限；居于上位的人自愿处于民众之下，增益之道就能发扬光大，利于有所前往，是因为《益》（䷩）之九五阳爻居中得正，象征其持行中臣之道，所以六二前往必有吉庆。也就是说，在政府与百姓的关系之间，只有重于益下而使百姓欢乐，才是中正吉祥之道。德则不然，多多益善。利禄向下施予，看来有所损失，其实是受益。

《益》卦是讲减损上位者之有余，增益在下者之不足，故称"损上益下"。所谓损上益下，从实质上来说，就是损失、牺牲在上者即统治阶级的利益给在下者即劳动人民。乍一看，这似乎不合逻辑。其实不然。君主与民众是对立的统一，他们在地位、利益上有对立的一面，但又处于一个统一体中。君主要是一点也不考虑民众的利益，只图自己享乐，而不管民众的死活，民众如不能生存，那么，君主也不能生存了。所以，即使在最黑暗的专制时代，君主为了维护和延续自己的统治，也总要给民众一点利益。至少要使民众能够生存、繁衍，而不至于毁灭。如果君主给民众的利益，不足以使民众继续生存和繁衍下去，那么，民众就会起来造反，危及统治者的政权。其实，历代民众的造反、革命就是这样爆发的。

有鉴于此，君主为了缓和与民众之间的矛盾，为了更好地维护自己的统治地位和秩序，便主动地把自己的一些利益让给民众，这就是所谓"让利于下""损上益下"。这样做的结果，使人民很欢喜，故称"民说无疆"。作为君主，只要能舍得损失、牺牲在上者的利益而使民众受益，就可以使民众无限的欢乐。这是有道理的。

在剥削制度下，贫富悬殊，两极分化严重，在上的统治者丰衣足食，穷奢极欲，而在下的被统治者则饥寒交迫。在这样的社会中，只要君主舍得"损上益下"，把自己的财富施舍给在下的民众，当然就可以使在下的民众高兴、快乐。要是坚持这样做下去，当然可以使民众无限地欢乐了。这样由上而下地使民众受益，就可以使道义大放光芒。

197

这里所说的"损上益下"的道义，实际上就是民本思想。同时，"损上益下"也同其他使人增益之道一样应当随时机进行。就是说，在遵循"损上益下"之道时，要因时制宜。这里蕴含的道理也是很深刻的。比如，"损上益下"的内容、对象、程度等等怎么掌握，就要因时制宜了。如灾荒之年和风调雨顺之年就应有所区别；在青黄不接之时和五谷丰登之时，也该有所区别。由于损有余以益不足而达到了适中平衡，赢得了民心，这就给社会稳定和政权的巩固带来了光明，故称"其道大光"。

《剥·大象传》曰：

山附于地，剥。上以厚下安宅。

《剥》卦（☷）下坤上艮。坤为地，艮为山。卦象是山在地上。不言山在地上而言山附于地，又说高山经过长久的风雨侵蚀剥落而依附于地面，则应懂得位高也可下跌。应该以较宽厚的政策对待下民，居上者才可安然。

再就全卦六爻去看，阴长至第五位，仅一阳残存于上。《剥·彖》：

剥，剥也。柔变刚也。

阳刚为男，阴柔为民。一个阳刚剥削过度将危及自身，最后自己也避免不了被五个阴柔剥落的命运。司马光就此做出一个形象的比喻，说得再明白不过了，厚下安宅就是为了自安其居：

基落则墙颓，下薄则上危，故君子厚其下者，所以自安其居也。①

《夬·象》曰：

泽上于天，夬。君子以施禄及下，居德

① （清）程廷祚：《大易择言》卷十三。

则忌。

《夬》卦（☱☰）上兑下乾，兑为泽在上，乾为天而居下。君子仿效此象，应将泽施于下级或一般民众，而不应以高贵的德位自居，贪下所得而不施于下民。

二是节用爱民。《节·大象传》曰：

> 泽上有水，节。君子以制数度，议德行。

《节》卦（☵☱）下兑上坎。兑为泽，坎为水。卦象是用泽节水。以泽节水，塞而不流则溢出，流而不出则干涸。最得当的办法是将水节制在适中的水平线上，使泽既蓄水又流入，既未干涸又不溢出，这就叫作节制有度。对下民的剥削也有一个适度的问题，必须"制数度"。数，即十、百、千、万；度，即分、寸、尺、丈。有了这些计量单位，才能用以衡量适中与不适中。但数与度的计量靠人去掌握，还必须"议德行"。只有深明

《周易》且道德高尚的人，才能推而行之。于是《节·象传》又说：

> 当位以节，中正以通。天地节而四时成。
> 节以制度，不伤财，不害民。

就是说，天地自然规律是有节制的，年、月、日、时的运行从不过越而成其变化。人类社会也应如此。君主如能量财之所入，计民之所用，将税收法度保持在适中的水平上，既不损伤国家的财政收入，也不妨害百姓继续生存，整个社会才会安宁。因此，爱护老百姓，剥削要有节制，赋税保持适中。

文景之治的养民举措

汉文帝即位第二年（前178），谋士贾谊上书说："管子曾说：'仓廪实而知礼节，衣食足而知荣辱。'若百姓饭都吃不上，就能治好天下，这样的事，自古以来从未听说过。

故朝廷应大力倡导农耕，即使好吃懒做之民也应参加农业生产，使人人皆能自养其身，自食其力，只有这样，百姓才能安居乐业，天下才能太平。"汉文帝认为贾谊讲得很好，采纳了他的建议。文帝又恢复了自西周以来天子"籍田"以劝农的制度，亲垦籍田，行籍田之礼，以示率先天下，倡导务农。他即位后多次下诏劝课农桑，按户口比例设置三老、孝悌、力田若干员，经常给予他们赏赐，以鼓励农民发展生产。

其次，为了发展农业，文帝还施行了轻徭薄赋之策。他下诏减轻租赋，并责令各级官吏，尽力减轻租税，提高农民种地的积极性。汉文帝多次下诏减免租税，最后减至三十税一。遇有灾荒之年，还多次免除租税，并打开粮仓，发放粮食，赈济贫民。文帝时，还减少了人头税和徭役，使人头税减到汉初的三分之一，成年男子服徭役由一年一次改为三年一次。景帝二年（前155），又把秦时十七岁傅籍给公家徭役的制度改为二十岁始傅，而著于汉律的傅籍年龄则为二十三岁。最后，文帝还下诏"弛山泽之禁"，即开放原来归国家所有的山林川泽，从而促进了农民的副业生产和与国计民生有重大关系的盐铁生产的发展。文帝十二年又废除了过关用传制度，这有利于商品流通和各地区间的经济联系，对于农业生产的发展也有一定促进作用。

文景两代采取上述一系列措施，使当时社会经济获得显著的发展，封建统治秩序也日臻巩固。西汉初年，大侯封国不过万家，小的五六百户。到了文景之世，流民还归田园，户口迅速繁息。列侯封国大者至三四万户，小的也户口倍增，而且比过去富实得多。农业的发展使粮价大大降低，文帝初年，粟每石十余钱至数十钱。据《汉书·食货志》记载，汉初至武帝即位的七十年间，由于国内政治安定，只要不遇水旱之灾，百姓总是人给家足，郡国的仓廪堆满了粮食。太仓里的粮食由于陈陈相因，以至腐烂而不可食，政府的库房有余财，京师的钱财有千百万，连串钱的绳子都朽断了。这是对文景之治十分形象的描述。

康乾之治

清朝初期，满洲贵族对于人民的反抗进行了残酷的武力镇压。他们杀掠人口，抢劫民财，焚烧民舍，导致人口锐减，耕地荒芜。康熙即位之后，短短几十年时间，清朝的整个社会状况就得到好转。又经雍正、乾隆二朝，社会发展呈现出欣欣向荣的景象。史家把这一段时期称为"康乾盛世"。"康乾盛世"之所以出现，与康熙、乾隆的民本思想及爱民措施是分不开的。

一是制民之产。清朝建立之初，中原地区生产遭到了严重的破坏。康熙即位后，注重解决土地问题，他要求将国家掌管的荒、熟地分归臣民所有，禁止侵占普通百姓所有的土地。康熙认为，田地是百姓生业所关、衣食所赖，是不能侵夺的。有国之君，要想长治久安，就必须"制民之产"。对于小民的土地所有权，康熙给予了法令上的保护。清初，满洲贵族凭借手中特权，任意圈占民间房地，被掠夺的人们只能到处流亡。康熙三令五申，严禁圈地，从重处罚违禁者，从而制止了这种现象。乾隆鼓励人民开垦荒地，发展农业，以安置流民。有的官吏虚报开垦数量，增收钱粮，从中牟利。乾隆下令清查积弊，补报垦数，对谎报者从重惩处。这样的措施，对于人民是很有利的。

二是减徭轻赋，藏富于民。康熙、乾隆注重民生，为解决人民的疾苦实行了一些有力的措施，将民生视为国家安定的重要条件。康熙说："民为邦本，必使家给人足，安生乐业，方可称为太平之治。"康熙在制民之产的同时，又强调减轻赋税。在康熙看来，国库的积存够用即可不必盘剥无度，而应藏富于民。他在位时，减赋之多为历史上所仅见。遇到荒年，更是大幅度减免赋税。乾隆也把减免赋税作为减轻民生疾苦的重要手段。他说："爱民之道，以减赋蠲租为急务。"即位之后，即免除苏州、松江府浮粮，江南的部分漕粮，豁除贵州三年和陕西部分赋税等。他还免除了各地的"落地税"、泰山的进香税、芜湖的江夫河蓬钱粮、田赋等各种杂税。据统计，乾隆在位的六十年间，下令减免一省或数省钱粮、田赋等共十四次。这些措施，在一定程度上减轻了民众负担。

除上述之外，康熙、乾隆还强调教民。康熙指出，礼义之所以难以确立，主要原因在于民众衣食不足。因此，当福建泉州地区的数千饥民聚众反抗的时候，康熙禁止起兵镇压，而是截漕运米，安抚饥民。他强调"足民"，主张治理国家的首要任务即在于足民。使人民富足的方法，就是顺应民力，教给他们生财之道。

"康乾之治"的出现，与康乾二帝的重民是紧密相连的。他们继承、发展了中国传统的民本思想，实行了一些有利于人民的措施，对减轻人民负担和促进经济的发展，产生了积极的作用。

（五）保民说

《临·大象传》曰：

> 泽上有地，临。君子以教思无穷，容保民无疆。

《临》卦（䷒）卦形兑下坤上，卦象是泽水之上有陆地。如果泽水在陆地之上，则必有堰堤防范而泽水的容量有限。泽水之上还有陆地，是自然形成的大泽，其容量无限，而且泽水和陆地互相临近无间，土是宽厚的，水是柔顺的，二者相亲相得。坤地居上俯临兑泽，有居上临下之意。以自然推论人事，君子观此象而效法之，应该像泽水与陆地那样上下互相临近，教化和思念民众无尽无休，容纳和保护勿有止境。君王临治下民，应采取教化的方法，以德政容民保民。对此，元人胡炳文有较为深切的理解：

> 不徒曰"教"，而曰"教思"，其意思如兑泽之深；不曰"保民"，而曰"容民"，其度量如坤土之大。①

《临》卦《大象传》提出"教思""容保民"，是"崇德"，也是"广业"。"教思"之后，接言"无穷"；"容保民"之后，接言"无疆"，可见其德之崇高，业之广大。

《序卦传》曰："临者，大也。"这说明，居于上位的君主如果能屈尊就下而亲临于民，思念和保护人民，其发展才会远大。这句话旨在说明君主者应效法大地包容沼泽的精神，无微不至地

---

① （元）胡炳文撰：《〈周易本义〉通释》卷一。

教化、关心人民，无限地包容、保护人民。

其一，君主应该无微不至地教化、关心人民。"教思无穷"，就是说，不能只是表现在一般的教化、关心上，也不只是在某个时期、某个方面的教化，而必须是始终不渝、无微不至地教化、关心，才能体现出大地包容沼泽的精神。

其二，君主应该无限地包容、保护人民。"容保民无疆"，不只是表现出一般的包容、保护，也不只是革命时期、革命方面的包容、保护，而是毫无遗留、毫无限制地包容、保护，才能真正体现出大地包容沼泽的精神。当然，关于无限地教化、关心、包容和保护的爱民思想，在古代社会中，只不过是一种理想、希望式的宣传、号召，是不可能完全做到的。

文景时期的保民安民举措

一是减轻刑罚，废除连坐。刑罚过于繁苛，是秦失天下的重要原因之一。汉文帝采取了一系列保民安民的举措，对秦代以来的刑法也作了重大改革。秦代大多数罪人，即被判处为隶臣妾以及比隶臣妾更重的罪人，都没有刑期，终生服劳役。文帝诏令重新制定法律，根据犯罪情节轻重，规定服刑期限；罪人服刑期满，免为庶人。秦代法律规定，罪人的父母、兄弟、姊妹、妻子和子女都要连坐，重的处死，轻的投入为官奴婢，称为"收孥相坐律令"。文帝明令废止。秦代有黥、劓、刖、宫四种肉刑。汉文帝下诏废除黥、劓、刖，改用笞刑代替，景帝又减轻了笞刑。改革的后两项在当时和以后虽没有认真执行，但文帝时许多官吏能够断狱从轻，持政务在宽厚，不事苛求，因此狱事简省，人民所受的压迫比秦时大幅减轻。

汉文帝召集大臣们商量说："法律是治理根本，是禁止残暴、倡导行善的。今倘若某人犯法，而他的父母、妻子、兄弟、姊妹受其牵连也被治罪，并把他的妻子儿女收入官府为奴婢，我认为这种做法十分不对，你们也商议一下能否改变。"有司说："百姓不能自律，所以用法律加以禁止约束。使用连坐之法，收罪犯妻子儿女入官为奴，是使百姓身心受到约束，不敢轻易犯法，这是由来已久的法律，我们认为还是不改为好。"汉文帝说："我听说法律公正，百姓就诚实忠厚，治罪量刑恰当，百姓就甘于听从。何况官吏的职责是引导百姓向善的，如果官吏不能引导百姓向善，又不能用公正法律量刑治罪，这不仅于民不利，反而有害于民，就会引起百姓暴乱。到那时，法律如何能禁止得了呢？我没有看出它有什么合适之处，你们再仔细考虑考虑吧。"在文帝的坚持下，众大臣转口说道："陛下施惠于百姓，德行甚厚，不是我们为臣子能赶得上的。请让我们奉陛下诏书，废除连坐、收妻子儿女为官府奴婢的法律。"

肉刑之法自秦以来，也是残酷异常。汉文帝时，废除肉刑之法，源于这样一件事情。管理齐国粮仓的太仓令淳于公，因事犯罪，按律当受刑罚处治。淳于公只有五个女儿，没有男孩。在他被捕将要押走时，他大声喊道："生了孩子，没有男孩，有紧急事情，女孩一点用处也没有！"他的小女儿缇萦听后伤心至极，哭泣着跟随父亲来到长安，向汉文帝上书说："我父亲在齐国做官，齐国的百姓都称赞他公平廉洁，今日犯法，当受刑罚惩处。我哀痛死去之人不能复生，受肉刑之人，肌体断裂，不能再连接起来，虽想让父亲改过自新，却也没有什么路了。我愿意被收入官府为奴婢，替父亲赎罪，让父亲改过自新。"汉文帝批阅上书后，可怜她的孝心，就下诏说："听说虞氏时期，罪犯应受黥刑，就染黑他的头巾；罪犯应受劓刑，就染红他的衣服；罪犯应受宫刑，就让他穿两只各异的鞋子。这样让他与其他人有异，使罪犯受到羞辱，这种惩罚替代刑罚，百姓就不敢触犯法令了。今天人们犯了过错，未施加教育，就加以刑罚，且刑罚之重，让人们刻刺肌肤、肌体断裂，以至于终身不能恢复。这是多么惨苦而又不道德的行为啊，这哪里称得上是百姓的父母官所做的呢！所以应废除肉刑。"汉文帝以秦为鉴，认识到重刑对安民的不利，废除了残酷刑罚，无疑对国家安定有极为重要的作用。

二是生活节俭，关心民生疾苦，这在封建帝王中是十分罕见的。文帝在位的二十三年中，宫殿、园林、车马、服饰等，都无所增加。他常想建造一座报时辰的露台，召来工匠初步预算，造价需花费黄金一百斤。文帝说："百斤黄金相当于中等百姓十户的产业。我继承、守卫先帝的宫室，常常唯恐有所玷污，何必要筑露台呢？"他经常穿着用粗糙的丝绸制作的黑衣服，所宠爱的慎夫人衣长不得拖地，帷帐不绣制花纹图案，为天下人做出榜样，为自己修造霸陵陵墓时，都用瓦器，不准用金银铜锡装饰，因山起陵，不另选坟。他多次下诏，鼓励臣下凡是有利于百姓的意见都要言无不尽，告诫他们不准做劳民伤财的事情。后元六年（前158），天下大旱，蝗虫成灾。他诏令诸侯不要向朝廷进贡，解除对山泽开采的禁令，减省多项公务开支，精减冗员，打开各地粮仓赈济灾民，从而表现了这位开明帝王关心民苦的思想情感。

后元七年（前157）六月初一，汉文帝死于未央宫。他留下遗诏说："我听说大凡天下万物从萌生以后，都要走向死亡。死亡是天地间的常理，事物的自然规律，何必为此而恸哀！现今之世，都爱生而恶死，厚葬以致浪费财业，重报以致伤害民生，我极不赞同。何况我德行浅薄，未能给百姓带来福祉，在去世之后，又进行长时间的隆重的吊唁活动，就会令别人的长老感到伤神；损坏其他鬼神的祭馔来丰盛对我的祭馔，就会使其他的鬼神因之饥饿，这就更加重了我的罪过，这叫我如何向天下交代！我继承大统，以细末之身托于天下君王之上，已经二十三年了。

依赖于上天的威灵、社稷的洪福，四海安宁，未有战乱。我禀性愚钝，常恐言行有过失，以玷辱先帝的煌煌帝德；而在位时间愈久，更恐不能善始善终。今日幸以自然的死亡得以供养于刘汉的祖庙之中，这实在是对我这个薄德之人最大的嘉勉，这还有什么应该哀恸的！可令天下吏民，在接到志哀令后三天即停止悼念活动。不得禁止在国丧期间百姓举行的嫁娶、祭祀等活动。凡必须参加葬礼的，都不要大量披麻戴孝，其头与腰的孝带宽不过三寸。不要用布帛来铺盖灵车及派羽林军护灵，不要派百姓到宫殿中来哭灵。朝廷中应参加葬礼的人，只能在早晚与大功时可以哭泣，礼毕就要停止。不是早晚与举行葬礼时，禁止擅自放声哭泣。下棺后，服大功（丧服）十五日，小功十四日，细布衣七日，三十六天以后全部释去孝服。其他有关事项在令中没提及的，都以此令类推。布告天下，使人们明确知道我的意愿。霸陵山川按其原貌，不要另造坟陵。宫中夫人以下的都遣送归家。"

汉文帝的遗诏体现了他丧事从俭、节省财物、不烦扰民生的节俭精神。因为文帝提倡俭约，所以当时国家的财政开支有所节制和缩减，贵族官僚也不敢滥事搜括，奢侈无度，从而减轻了人民的负担，这是"休养生息"政策的重要内容。这不仅在中国历史上是罕见的，而且与那些生前挥霍无度、奢侈腐朽，死后又耗资巨万营建陵墓的昏庸帝王形成了明显的对照。

三是结盟和亲，安定边境。文景两代对周边少数民族也不轻易动兵，尽力维持相安的关系。吕后时，南越王赵佗立为帝，役属闽越、西瓯、骆，又乘黄屋左纛，与汉王朝分庭抗礼。文帝即位后，为赵佗修葺祖坟，尊宠赵氏昆弟，并派陆贾再度出使南越，赐书赵佗，于是赵佗去黄屋左纛，归附汉王朝。匈奴自战国以来就不断侵扰，成为中原北方边患。汉初高祖之时采取和亲之策，边境安定。文帝十八年（前162），匈奴首领违反和约，又连年祸害边境，杀死汉朝许多官吏、百姓。文帝一方面积极防范匈奴入侵，派兵攻打匈奴，从军事上保卫边境军民安全。一方面从长久安民出发，对匈奴又抱有诚意结盟之心，采取和亲之策，避免兵戈相争，安定双边民生。汉文帝自责说："我不英明，不能远布恩德，以至于使汉王朝疆域之外不得安宁，四方荒远人民的生活不得安稳。而边境的兵将又不能明白我这种心意，更加重了我不施德泽的过错。如今我早起晚睡，为民担忧，常常感到惶恐不安，没有一天不在考虑这件事。"为此，汉文帝向匈奴派遣众多使者，向匈奴首领单于说明诚意。经过努力，匈奴单于终于开始为国家安定考虑，为万民谋求利益，重新与西汉约定，和亲结盟，结为兄弟，以此保全天下黎民百姓。由此，和亲之事确定了下来，文帝对匈奴通过结盟和亲之策，安定了边境。

此外，为安民，汉文帝识时务之要，还从倡导节俭、紧缩开支等方面采取了一系列措施。这些措施，最终使西汉社会经济迅猛发展，人民生活富裕，达到了空前的安居乐业。

康乾时期的保民安民举措

一是以仁德辅助刑法。康乾二朝总的施政方针有所不同。康熙时，多年战乱的创伤还没有医治，最重要的事情是使人民得到休养生息，所以政策以宽和为主。乾隆之时，由于承平日久，一些官吏的骄惰之气有所抬头，所以实行宽猛并济的政策，从而既能惩贪除暴，又能仁爱民众。但在如何治理国家和人民问题上，二者又有相同之处，即主张德刑并用，以德化民，以刑辅教。康乾之时，统治者在严整法令的同时，又很注重"德治"。他们简明律例，去除繁苛，反对繁法严诛，要求执法者敬慎执法，不可法外牵引，极力禁止酷刑滥及无辜，从而使清代中期以来的冤狱滥刑有所减轻。当然，康熙、乾隆之重德治，并没有因而忽略了法制的作用，譬如乾隆主张注重德治与法制相结合。康乾时期是中国传统的"德治"思想与法制结合得较好的时期，既稳固了政治局面，又使人民得到了生息。

二是整顿吏治，惩治贪黩。康熙与乾隆对于整顿吏治都十分重视。他们强调治国必须安民。而要安民，首要的即是整顿吏治。如果各级官吏盘剥无度，使人民走投无路，将会导致官逼民反的局面。康熙说："吏苟廉矣，则奉法以利民，不枉法以侵民；守官以勤民，不败官以残民。民安而吏称其职也，吏称其职而天下治矣。"康熙将安民作为官吏是否称职的标准，指出只有官吏廉洁，人民才能得到安乐，从而体现了他对民众的重视。正是基于这样的认识，康熙与乾隆对于贪污官吏的惩处十分严厉。康熙主张重典治贪，将赃官与十恶、泄露军机同列为死罪。乾隆也十分注重吏治，强调清廉作风，选用廉洁官员辅佐朝政，对于贪赃枉法的官吏严加惩治。乾隆一朝，仅督抚、藩司以上大吏，因贪赃被杀者即在十人以上。康熙、乾隆时期的重典治贪，获得了吏治整肃的结果。

220

（六）教民说

《周易》的《象传》主要是阐发君主要重视道德教化，要善用贤人，要和下层百姓感应相与的道理。《贲·象》曰：

> 观乎天文，以察时变；观乎人文，以化成天下。

这里的"天文"指日、月、星辰，"人文"是指礼仪、制度等。君主要通过体察天文自然的和谐变化，采用人文之道，既倡礼法，又定尊卑。只有采取这种方式教育人民，时间既久，才能最终

"化成天下"，达到社会和谐，天下大治。

程颐说：

> "天文"，天之理也。"人文"，人之道也。……人理之伦序。①

这是从天道和人道的联系处来说明教化的重要。观察天地日月星辰的情状变化可以知道四时节气的变化，同样，观察人类社会人伦礼俗的秩序变化可以随时教化天下，使老百姓具有高尚的道德品质。《离》卦提到"化成天下"，《恒》卦提到"天下化成"等，都是强调君民感应施行教化的重要。

如何对人民施行教化呢？《周易》提出了"三陈九德"的模型。《系辞传》曰：

> 履，德之基也；谦，德之柄也；复，德

---

① （宋）程颐撰，王孝鱼点校：《周易程氏传》，中华书局 2011 年版，第 123 页。

之本也；恒，德之固也；损，德之修也；益，
德之裕也；困，德之辨也；井，德之地也；
巽，德之制也。

意思是说，《履》卦说明了道德修养的基础，
《谦》卦说明了道德的关键，《复》卦说明了道德
修养的根本，《恒》卦说明了如何巩固道德修养，
《损》卦说明了如何进行道德修养，《益》卦说明
了如何充实道德修养，《困》卦说明了如何辨别是
否有道德修养，《井》卦说明了道德修养达到的境
界，《巽》卦说明了听从道德规范的约束。

在《周易》看来，凡君子都应依据此"九
德"修养德行，做到：

履以和行，谦以制礼，复以自知，恒以
一德，损以远害，益以兴利，困以寡怨，井
以辨义，巽以行权。

意思是说，《履》卦可以用来使人们行为和谐，

《谦》卦可以用来使人们的行为合于礼，《复》卦可以用来使人有自知之明，《恒》卦可以用来使人德行如一，《损》卦可以用来使人远离祸害，《益》卦可以用来创办有利之事业，《困》卦可以用来使人不怨天尤人，《井》卦可以用来辨明道义，《巽》卦可以用来使人以变通的方法处理问题。

《周易》认为，唯"九德"兼具的君子才能以道辅济君父，去创造社会和谐局面。

《周易》还对如何教化民众提出了一套方法：

一是观民设教和神道设教。《观》卦就是介绍"观民设教"和"神道设教"的卦。大意是统治者要观察民风民俗，然后再根据具体情况实施教化和治国的方略。《观》卦（☷）卦象是上巽下坤，巽为风，坤为地，是风行地上之象，譬如春风化雨、万物感化之象，象征君王在国土上巡视，考察民风民俗，施行教化。《象》曰：

风行地上，观。先王以省方观民设教。

观民包括观察民情、了解民俗、察晓民风乃至于观知民心，设教就是进行教化。显然，先观民后设教，教化要建立在全面了解、察知国情民风之上，而不能从主观愿望出发。

如果说，观民设教强调教化的民众性和社会性，那么，神道设教彰显的是教化的神圣性和规律性。《观》卦的卦辞说：

> 盥而不荐，有孚颙若。

表明国君举行祭祀大典时的庄严肃穆的气氛和内心的诚敬之情。《彖》曰：

> 大观在上，顺而巽，中正以观天下，观。盥而不荐，有孚颙若，下观而化也。观天之神道，而四时不忒（tè），圣人以神道设教，而天下服矣。

意思是说，阳刚尊者居于上位，为众人所仰观；

《观》卦下坤上巽，坤为顺，巽为谦逊，象征柔顺而谦逊；九五阳爻居上卦之中位，象征阳刚尊者守中正之道以观摩天下，这就是观的意义。祭祀时洒酒在地上以降神，而后向神进献祭品，心中较虔诚，举头向上望，对神充满敬仰之情，这样，民众就能通过观看这种仪式而得到感化，看到正是因为天的神妙规律的作用，一年四季才会有不停的变化。圣人利用天的神妙规律来设立教化，从而使天下民众服从。

君主祭祀庄重严肃，具备中正的德行，老百姓从这个祭祀的庄严仪式中受到了感化。观看天道运行的规律，就能知道四时交替没有差错的道理，国君若能够仿效天道的规律来教化民众，使民众都有一定的信仰，则天下民众都会顺服。这说明了神道设教能使民众皆有信仰依归的重要性。《观》卦的六爻，根据不同的位次论述了不同的人不同的观民方法，但中心意思主要是要读者以中正之道来观民设教和神道设教，将二者结合起来进行。

宋代马和之绘制的《周颂清庙之什图》之六（局部），描绘了周朝统治者举行祭祀活动的情形

二是振民育德。《蛊》卦《大象》曰：

山下有风，蛊。君子以振民育德。

《蛊》卦象（☶）上艮为山，下巽为风，是风遇山受阻，物皆散乱有事之象。蛊有蛊惑、蛊乱、蛊害等义，象征社会的敝乱，所以这一卦主要是谈如何整治敝乱的。《周易》以风比教化，以山比贤人，教育者仿效此象，在万物散乱之时，要振励民风，鼓动民气，振奋民心，振兴民力，开发民智，激励民志，培育良好的德行，提高国民的整体素质。

《蛊》卦强调"振"即振发、激励民志，针对社会风气很坏的敝乱局面，要激发人们向善的心性。

三是施行育德。《蒙》卦（☶☵）《大象》曰：

山下出泉，蒙。君子以果行育德。

《蒙》卦象是上艮为山，下坎为水，山下出泉水之象，涓涓泉水冲刷山石而出，所以君主看到这一卦象就要根据具体情况果断地培育民志、民德。《蒙》卦强调"果"即果断，要针对社会风气等具体情况，果断适宜地制定教化的措施，培育民德。

四是对时育德。《无妄》卦的《大象》曰:

> 天下雷行,物与,无妄。先王以茂对时育万物。

《无妄》卦(☲)上乾为天,下震为雷,雷在天下振发万物之象,譬如春天春雷阵阵,万物也因之而生长发育,所以统治者看到这一卦象就要以天雷的强盛威势抓住时机教化民众,使其行为符合社会规范,不妄为。《无妄》卦强调"时"即时机,要针对具体情况,抓住有利的时机而教化,因时而化。

五是劳民劝相。《井》卦(☲)的《大象》辞曰:

> 木上有水,井。君子以劳民劝相。

《井》卦上为坎水,下为巽木,古木上有水之相。井非一人之力所能成,井之利益亦非一人所能独享，造井必须民众共同劳动，协作互助，始能共造井之功，同享井之利益。就此而言，井是人类群体性劳作的产物，又是人类经济生活中利益一致、有福同享的典型表现。君王效法此象，推而广之，在劳民之时，特别是群体生产活动的过程中，劝勉民众要同心协力、相互帮助。

大禹感化有苗

有苗族是蚩尤部落的后代。黄帝和蚩尤打仗之后，蚩尤被打败，然后就迁徙南方，成为南方的部族。《尚书》里都是君王和大臣之间的对话，里面讲的都是治国之道。舜帝的时候，有苗族叛乱，违背伦理道德，"反道败德，君子在野，小人在位"。在这个情况下，舜帝和大禹讲："现在三苗不遵循道德，我命令你去讨伐他们。"大禹于是会聚各方诸侯，在誓师大会上讲道："各位，你们都要听从我的号令。这个蠢蠢欲动的三苗昏庸糊涂，妄自尊大，败坏道德，侵犯君主。人人都不

229

遵守社会道德规范，有德行的人都散落在民间，而追逐名利之徒反而得到重用。正直贤良的人被排斥，奸佞之徒当道。导致百姓不愿意保护自己的国土，上天给它降下灾害。我现在奉舜帝的命令率领大家去讨伐有苗。只要大家同心尽力，必定在这次征战中获得成功。

结果过了三十天，有苗虽然被舜帝的武力所震慑，但内心还是不顺从。于是大禹下属伯夷谏言："惟德动天，无远弗届。满招损、谦受益，时乃天道。""惟德动天"，就是讲人要修习德行，人修习德行就能感动上天；"无远弗届"，意思是这种感召力无论多远都能够达到，也就是说我们一个善念，能够传播到世界的各个角落。这是讲人人都是本性良善，都可以通过道德教化来感化。所以大禹采纳了伯夷的建议，把士兵撤回来，让士兵得到休整。

"帝乃诞敷文德"，舜帝于是就努力以礼

乐教化为先，教人懂得伦理道德，懂得用道德仁义去感化人。所以通过道德教化后，大禹"舞干羽于两阶"，就是在宫殿两侧持盾牌羽具，演奏祥和的音乐，演出祈祷幸福和平的歌舞，以此传播善和爱的信息。当大禹推行这个礼乐教化七十天以后，有苗主动来归顺。

郤雍明辨招祸

晋国盗贼特别多，国君为盗贼多感到很烦恼。有一个叫郤雍的人，这个人非常厉害，他能够依靠人的相貌判断是不是盗贼。这个人很有智慧，因为他明白相由心生。于是晋侯就把郤雍找过来，让他指认盗贼。结果千百名盗贼无一遗漏，一说一个准。晋侯很高兴，他就告诉赵文子，说他找到一个奇人，这样就可以使晋国的盗贼尽除。文子就讲，君王你只靠辨查神色来捕获盗贼，这个盗贼是除不尽的，而且这个郤雍必定不得善终。文子很有智慧，早就看到了结果。

由于晋侯用了这个郄雍，很多盗贼被抓起来了。于是这些盗贼就共同商议，我们这样下去只会走投无路，把我们逼到这个境地的，罪魁祸首就是郄雍。于是这些盗贼就偷窃了郄雍的财物，并杀死了他。晋侯听到这个消息为之大惊，立刻就召见文子，跟文子讲，果然跟你说的一样，郄雍被人杀死了，应该用什么方法来捕获这些盗贼呢？

文子就跟他讲，古人说能看见深潭中有游鱼的人不吉利，能知道隐藏之物的人有灾难。因为太聪明了，而且又不懂得隐藏，这肯定不吉祥，人家会想方设法把你除掉。就像这个郄雍，他很聪明，但是反被盗贼所害，不如举拔贤良予以任用，用道德教化感化百姓，人人都有了羞耻之心，那谁还去做盗贼呢？所以，最重要的不是搞严厉的法令，不是增加一些善于搞侦探的人，因为坏人是抓不尽的。越善于搞侦探的人，坏人越会想办法来对付你，会把双方的矛盾更加激化，所以不如推行教育，让人人都有羞耻之心。于是晋侯就让文子来主持政务，推行道德教育，一推行道德教育，很多盗贼就消失了。

（七）容民说

《师》卦（䷆）《大象传》曰：

地中有水，师。君子容民畜众。

《师》卦下坎上坤。坎为水，坤为地，卦象是水积于地中。《师》为言兴师动众去出征。军队是国家政权主要支柱，因此，容民、畜民，对封建国家政权的稳固有着直接的关联。这句话旨在提醒君主应该容纳民意、畜养民众。

"地中有水"，不能离开土地，一旦离开，就会蒸发、消失，没有踪影。这就说明，士兵、部队也不可离开人民大众，一旦离开就会失去力量。君主懂得了这个道理，就必须做到：第一，容纳民意。君主与民众的关系，类似水与地的关系。

因此，君主不能脱离民众。君主的力量、智慧等，实际都源于民众，所以，君主与民众的关系越密切，就越有力量，越有智慧。而若一旦脱离民众，便如离开大地的水，便无能为力了。君主不脱离民众，关键是容纳民意，即倾听、采纳民众的呼声，代表、反映民众的利益、愿望和要求。只有这样，才是真正的不脱离群众。假如只是形式，外表上接近民众，而并不容纳民意，甚至根本不了解民意，不代表、反映广大民众的利益、愿望和要求，那也会脱离群众的。所以，"容民"最关键的是容纳民意，是在内心世界、利益、愿望和要求上包容。有了这样的包容，才会有真正形体上、行为上的包容。第二，畜养民众。加强军队的训练，加强全民的军事训练和培养，使广大民众有同士兵一样的战斗力。也就是说，这里包括了全民皆兵的意思。

子产不毁乡校

　　郑国人聚会于乡校，以议论政事的得失。

然明对子产说："封闭乡校，怎么样？"子产说："为什么？人们早晚空闲时到这里游玩，议论政事的好坏。他们认为好的，我就实行；他们所厌恶的，我就改正。这是我的老师啊，为什么要封闭它？我只听说用忠善争取民心来减少怨恨，没有听说用权力压制民众来防止怨恨的。并不是权压制不能很快收效，而是因为对待民众的怨言犹如治水。洪水决堤，伤人必多，我无力挽救。与其如此，不如疏导，把水一点点地放掉。所以，还是让我听得到这些议论而把它当作治病的良药吧。"然明说："我从今以后知道你确实是一个好的执政者，小人实在没有才能。你如果终于推行这样的政策，那确实有利于郑国，岂止是有利于二三位大臣呢？"孔子听到子产说的这番话后，说："由此看来，有人说子产不仁，我绝对不相信。"

周厉王堵塞言路招致颠覆

周厉王是西周第十位君主。他继位后，

贪图财利，重用荣夷公实行"专利"，以国家的名义垄断山林川泽，不准人民依靠山泽谋生，借以剥削人民。大夫芮良夫多次进行劝谏，但周厉王根本不听从劝告，依然非常亲近荣夷公，并继续推行"专利"。最终，百姓被断了生路，无法继续生活，于是在私下里议论和咒骂朝廷。

周厉王得知百姓的不满言论后，非常生气。大臣邵公劝他说："这是因为百姓们都无法忍受苛虐的政令啊！"周厉王听后，不但没有对自己的行为进行反思，反而召来了巫师，命他监督那些说他坏话的人，抓到人后上报给他，然后立即杀掉。这样一来，全国上下都非常害怕，都不敢私下议论朝廷的暴政了，甚至连平常的话也不敢轻易说，熟人在街上见面后也不敢打招呼。

这个结果令周厉王非常满意，他对邵公说："这样就能阻止人们说坏话了，老百姓再也不敢乱说了。"

邵公听了，劝他说："百姓虽然不说坏话了，但这只是武力的作用罢了。事实上，防止百姓说话，要比防止河水泛滥困难得多。河道堵塞会使河堤崩溃，最终伤害百姓，所以要疏通河道，引导水流。管理百姓也是这样，也需要疏通言路，鼓励他们议论政事。所以你临朝听政，应当让大臣们进献来自民间的诗歌，让乐师进献来自民间的乐曲，要让民间各行各业的工匠能够对官员提出意见，让百姓的声音能够传达给君主，让你身边的人能够规劝你，你的家人能够帮助你补救过失、监察你的行为，让乐师能够用乐曲、史官用典籍来教诲你，让你的师傅和老臣们能够劝谏你。听取了大家的意见后，你再仔细斟酌，决定取舍，像这样行事就不会出错。百姓有口，就像大地上有山脉、河流一样，人的财用就是从中产出来的，就像广阔的低平地带有沃野，而人的衣食之物就是从其间生长出来的一样。百姓们发表的意见，决定着国家政事的成败。君主施行善政，就能有丰富的财物和衣物。百姓们在心里考虑事情，然后顺理成章地说出来，这是非常自然的事情，你怎么能去阻止他们呢？即使你现在能阻挡得住，那你又能坚持多久呢？"

周厉王听了邵公的劝谏，很不以为然，依然我行我素，继续剥削和压制百姓。终于，在公元前842年，忍无可忍的百姓不约而同地起来反抗周厉王。周厉王狼狈地逃往彘地，也就是今天的山西霍县的一个地方，再也没有回来，最终死在了那里。他的太子则躲藏在邵公的家里，在邵公奋力保护下才没有被愤怒的百姓处死。

压制百姓的话语权，言路闭塞，朝廷不愿意听到群众的心声，这是周厉王政权颠覆的重要原因之一。

（八）悦民说

《序卦传》曰：

> 入而后说（yuè）之。故受之于兑。兑者
> 说也。

兑是说的本字，是说话或笑的模样，因而兑卦有
言语与喜悦的意思。《兑》卦（☱），是阴爻前进
到第二个爻的上方，有喜悦露于外的形象。兑卦
又是泽，将坎卦的水由下流堵塞，水聚集而成，
故为泽。泽中的水，可以滋润万物，使万物喜悦，
也是悦的象征。由卦形看，兑卦之内、外卦，都
是刚爻得中，柔爻在外，是中庸、外柔内刚的形
象，当然使人喜悦。

《兑·彖》曰：

> 兑，说（yuè）也。刚中而柔外，说以
> "利贞"，是以顺乎天而应乎人。说以先民，
> 民忘其劳；说以犯难，民忘其死。说之大，

民劝矣哉。

兑是喜悦的意思。这段话的意思是说，阳刚者持守中道而柔和处外，以利人济物、坚守正道而使人喜悦，而且既顺应天理，又符合民心。引导民众而使他们喜悦，民众就会忘掉自己所受的劳累；临危难而使民众喜悦，民众就会舍生忘死。喜悦的巨大作用，在于可以劝勉民众奋发有为。可见喜悦作用之大，它能催人奋勉而勇往直前。因为应乎人心所向之事则必然与天道规律相合顺。怎样才能以喜悦之事引导民众前进呢？这里的关键是使民悦，排民忧。使民乐，排民忧，是上和天理、下顺民心的事。真正做到这一点，就会激励、调动民众的积极性。

孟子论"与民同乐"

关于统治者如何才能赢得民心的问题，孟子提出了一种非常有趣且富有独创性的见解和想法，即如果统治者能够做到"与民同乐"的话，那么，人民自然也会心甘情愿地与他站在一起分享快乐。

这是真的吗？这究竟是怎么一回事？究竟是一种什么样的快乐的情景呢？且看孟子在同各国诸侯国君的交谈中是如何讲述的吧。

在魏国的时候，孟子与梁惠王常常会见，谈论和畅想"仁政王道"的美好愿景，两人谈得还算投机。正是在与梁惠王的一次交流会谈中，孟子首次提出了"与民偕乐"的重要政治命题。

一天孟子去见梁惠王，惠王正在宫内花园的池塘边散步。只见麋鹿双双，白鹤翩翩，梁惠王看着这眼前的美景，不禁心旷神怡，于是，便高兴地问孟子说："有德的贤人享受着眼前的美景也同样会感到快乐吧？"

孟子环顾四周，微微一笑，颔首答道："只有有德的贤人与民偕乐，才能享受眼前这样的美景，而且感到由衷地快乐；而缺乏贤德的人纵使享有眼前这样的美景，他也不会快乐。"

这番话顿时让梁惠王陷入了深思。是的，只要为人君者还存有一点点的良心善性，而不是完全地丧失掉了，是该认真地好好想一想"与民偕乐"的问题。

后来，孟子离开魏国，来到了齐国。

此时，齐国的君主齐宣王正雄心勃勃地一心想着怎么样扩张疆土、威服诸侯、雄霸天下，所以孟子到齐后与宣王君臣谈论得最多的还是他那"仁政王道"的政治理想与主张，而且，在晤谈中，双方唇枪舌剑，精彩纷呈。在这个过程中，孟子更是向宣王君臣反复陈述他那"与民同乐"的卓越见解，把他的想法阐述得也更加清晰而明确了。

有一天，齐人庄暴前来拜见孟子，谈话中谈起了齐宣王喜欢音乐的问题。庄暴请教孟子说："我去朝见我们的大王，大王告诉我说，他喜欢音乐，我不知道应该怎样回答。"

孟子答道："如果大王非常喜欢音乐的

话，那么齐国便有希望治理好了。"

这话让庄暴更加感到莫名其妙，还是不明白其中的道理。

过了几天，孟子去王宫谒见齐宣王，问道："大王曾经告诉庄暴，说您喜欢音乐，有这回事吗？"

齐宣王面露羞赧，不好意思地说："我不喜欢先王时代的古乐，只是喜欢当今流行的那种现代的音乐罢了。"

孟子和颜悦色地说："这有什么关系呢？古代的音乐和现代的音乐都是一样的，只要大王喜欢，那齐国就有希望治理好了。"

齐宣王有些纳闷，不明白自己喜欢音乐与治理好齐国有什么关系。就像庄暴那样，齐宣王一脸疑惑地问孟子："这是什么道理呢？您能给我讲讲吗？"

于是，孟子就问齐宣王："您觉得，是一个人单独地欣赏音乐快乐，还是同别人一起欣赏音乐快乐？这两种快乐，哪一个更快乐呢?"

齐宣王不假思索地回答说:"当然是和别人一起欣赏音乐更快乐。"

孟子又问:"是同很少的几个人一起欣赏音乐快乐,还是同很多人一起欣赏音乐快乐?哪一个更快乐呢?"

齐王又很干脆地回答说:"当然是和很多人一起欣赏音乐更快乐。"

接下来,孟子便开始滔滔不绝地向齐宣王陈述他那独到而精彩的看法。他说:"既然这样,那就请大王耐心听我给您详细讲讲欣赏音乐和快乐的道理吧。比如说,大王今天举行盛大的音乐会,钟鼓齐鸣,管弦同奏。动听悦耳的美妙音乐传到远处,而老百姓听到后,却皱着眉头,露出痛苦不堪的样子,并不胜其烦地议论说:'我们的大王这么喜欢欣赏、演奏音乐,而我们为什么却沦落到这样的地步呢?父子不能相见,兄弟妻子东离西散。'再比如说,大王今天坐着华美的车子去打猎，老百姓听到车马的声音，看到仪仗的华丽，却都愁眉苦脸地议论说：‘我们的大王这么喜欢打猎，而我们为什么却沦落到这样的地步呢？父子不能相见，兄弟妻子东离西散。’为什么老百姓会这样呢？这没有别的原因，就是因为大王只顾着自己独自一人快乐，而不愿意和老百姓一同快乐呀！"

孟子接着说："假如情况是另外一个样子，老百姓听到大王正在欣赏、演奏音乐，全都眉开眼笑、高兴地相互转告说：‘我们的大王一定是身体很健康吧，要不然怎么能欣赏音乐呢！’老百姓看到大王去打猎，也全都眉开眼笑、高兴地相互转告说：‘我们的大王一定是身体很健康吧，要不然怎么能外出去打猎呢！’为什么老百姓会这样呢？这没有别的原因，就是因为大王能‘与民同乐’的缘故。如果大王现在能与老百姓一同快乐的话，那么就可以使天下归服、称王于天下。"

既然"与民同乐"有这样神奇的政治效

果，可以使国君称王于天下，那么究竟应怎样做才叫作"与民同乐"呢？而为什么有的君主不愿意"与民同乐"，问题又究竟出在哪里呢？明确了问题所在，那又该怎么办呢？

其实道理很简单，那就是：凡是能够以老百姓的忧乐为忧乐的君主，老百姓也会反过来回报他而以他的忧乐为忧乐。道理虽然简单明了，但是，它却是最耐人寻味的。孟子在和齐宣王的一次雪宫问对中，讲的就是这样一个道理。

一天，齐宣王在他的一个叫作雪宫的别墅中召见孟子。齐宣王就问孟子："有德的贤人也有这样的快乐吗？"梁惠王也问过孟子同样的问题，真是君同此心，心同此乐呀！

孟子一听宣王问了这么一个问题，知道他还是没有深入透彻地理解和领悟"与民同乐"这样一个简单的道理，就干脆更加直白地对他讲："像这样的快乐，人们得不到，是肯定会埋怨、非议国君的。得不到就埋怨和非议，这当然是不对的；但是，作为一国之君，高高在上，有快乐却不与人民一同享受，这肯定也是不对的。凡是以老百姓的快乐为快乐的，老百姓也会以他的快乐为快乐；凡是以老百姓的忧虑为忧虑的，老百姓也会以他的忧虑为忧虑。能够和全天下的人同忧同乐，然而还是不能称王天下、不能使天下心悦诚服地归服于他的，这是从来没有过的事。"

从上面孟子反复向齐宣王阐述"与民同乐"的道理来看，孟子真的是希望统治者能够与人民打成一片，乃至形成一种感人至深的君民之间忧乐与共、情感交织、其乐融融的政治场景。这样的场景，使政治生活变成了一个最能充分或淋漓尽致地发挥人类休戚与共的精神或情感共鸣的场所，在其中，君民双方都会感受到真正的精神、情感和心灵上的快乐。因此，可以说，在孟子看来，这种"与民同乐"的王道政治才是最大的政治，是当时的各国君主应该追求实现的最根本的政治目标。

"乐民之乐者，民亦乐其乐；忧民之忧者，民亦忧其忧。"这就是孟子留给后世的千古名言。凡是能够以人民的忧乐为忧乐的，人民自然也会做出积极的回应，快乐着他的快乐，忧愁着他的忧愁！

然而，国君们为什么就不能"与民同乐"呢？他们为什么就是做不到这点呢？原因究竟何在呢？看看齐宣王是怎么回答的吧。

孟子问齐宣王："既然大王觉得我所讲的'仁政王道'好，那为什么不去实行呢？"

宣王回答说："寡人有疾，寡人好货。"意即：我有个毛病，我喜欢钱物财货。

孟子开导他说："这有什么关系呢？过去，周朝的始祖公刘创业的时候，也很喜好钱物财货。《诗经》上说他的粮食特别多，堆满了粮仓；他率领的军队，包裹里装满了干粮。所以，留在家里的人有粮吃，军队的将士们也不会饿肚子，这样他才能率领军队上前线。大王您如果真的喜欢钱物财货，并能像公刘那样和老百姓共同享用，那实行仁政王道又有什么困难的呢？"

宣王又回答说："寡人有疾，寡人好色。"意即：我有个毛病，我喜欢美色。

孟子又开导他说："这有什么关系呢？过去，周朝的太王（古公亶父）也很好色，喜欢他美丽的妃子。根据《诗经》里的记载，古公亶父常常带着自己美丽的妻子姜氏，一大清早骑着马沿着漆水河边来到岐山之下，视察那里的人民的住处和生活。在那个时候，成年的男女都能够正常结婚，过着幸福的家庭生活，既没有找不到丈夫的女子，也没有找不到妻子的男子。大王您如果真的好色，并能像古公亶父那样，让老百姓都和自己一样过上幸福的家庭生活，以至于内无怨女、外无旷夫，那实行仁政王道又有什么困难的呢？"

250

齐宣王不仅是有好货、好色的毛病，有一次，他还对孟子讲了他的另外一个毛病，就是"好勇"。宣王希望自己在与近邻的国家交往时表现得勇敢一些，以便威服对方，让对方畏惧他、害怕他。

孟子又是这样开导他说："请大王不要喜好小勇。像有的人长得四肢肌肉发达，身强力壮，对人稍有不满，就手按利剑，瞪着眼睛说：'你怎么敢和我作对呢！'这叫作匹夫之勇，也就是能敌得住一个人的小勇。请大王还是不要喜欢这种小的匹夫之勇，要喜欢就喜欢周文王和周武王的那种大勇。过去，莒国受到侵略，周文王勃然大怒，整顿军队去阻击侵略莒国的敌人，既增强了周国的威望，也回报了各国人民对周国的向往。这就是周文王之勇，他一发怒就使天下的人民得到安定。商纣王暴虐无道，残害天下的百姓，周武王认为这是奇耻大辱，所以就率领军队讨伐纣王。这就是武王之勇，他也一发怒就使天下的人民得到安定。现在，如果大王也一发怒就使天下的人民得到安定的话，那么，天下的人民怕是唯恐大王不好勇呀！"

面对好货、好色又好勇的齐宣王，孟子的回答委婉而精彩，他告诉齐宣王：喜好什么其实并没有关系，也没有什么不好，国君也是人，岂能没有一点什么喜好？不过，如果能将自己的喜好推广到老百姓的身上，那岂不更好吗？就这样，孟子只是因其所好，但他所希望的是一步一步地将齐宣王引导到实行"仁政王道"并与人民共同分享其成果即"与民同之"的光明大道上来。

总之，《周易》关于君民和谐的论述中蕴含着包括贵民、临民、信民、养民、保民、教民、容民、悦民的丰富的民本思想。这些民本思想无疑对于我们贯彻党的群众路线，坚持以民为本，建设社会主义和谐社会提供了重要的思想资源。

三、《周易》关于君臣和谐的思想
蕴含着协调上下级关系的智慧

《周易》关于君臣和谐的论述中蕴含着丰富的协调上下级关系的智慧。

首先，处理好君主与臣下的关系关键在于君主厚待臣下。中国古代长期处于封建专制社会。封建专制条件下人与人之间的关系，大多处于一种不平等的状态。因而处理上下之间的关系，主要指处理君臣关系，这在中国古代社会显得特别重要。当然，在处理君臣间关系的过程中，我们时常听到的是下对上绝对的听命和服从，比如"君要臣死，臣不得不死"式的愚忠。然而，这只是问题的一个方面。另一方面，要处理好君臣关系，在上者必须做到仁至义尽。上述《剥》卦的厚下安宅的思想对于处理君臣关系同样重要。

《剥》卦（䷖）下坤上艮，艮为山，坤为地，山附着于地。山本来高耸地上，因为山石剥落，才附着于地，所以象征剥落。《象》曰："山附于地，剥。"《周易》告诉我们，在处理这一关系时，在上者必须以宽阔的胸怀厚待下属，只有如此，才能协调好上下之间的关系。

《比·彖》曰：

比，吉也。比，辅也，下顺从也。

《大象》曰：

地上有水，比。先王以建万国，亲诸侯。

"比"是亲辅的意思，就是强调下臣要顺从君上，君上要亲辅下民。程颐在阐发这种宗主国与诸侯国的关系时说：

夫物相亲比而无间者，莫如水在地上，所以为《比》也。先王观《比》之象，以建

万国，亲诸侯。建立万国，所以比民也。亲
诸侯，所以比天下也。①

这里要求王者亲近诸侯国如水之渗透于地，亲和
无间。明清之际思想家王夫之对《比》卦《大
象》辞解释说：

> 比，非交道之正也。惟开代之王者能用
> 之，用之建万国，亲诸侯。归附而不流，大
> 小相涵而不紊者也。②

小国附于大国而不被兼并，大国亲和小国而使之
各自独立，保持宗主国与诸侯国和谐统一的政治
局面。古代圣王是很懂得这个道理的，所以主张
与地方诸侯亲近，以巩固其与万国之间的关系。
这里讲的道理具有普遍的意义。它虽然具体揭示

---

① （宋）程颐撰，王孝鱼点校：《周易程氏传》，中华
书局 2011 年版，第 48 页。
② （清）王夫之撰：《周易大象解》，船山遗书本。

的是"先王"与"万国""诸侯"的关系，而实际上可以引申为在上者与在下者之间的关系。就是说，它告诉了一个协调上下关系的基本原则，那就是上下相亲相辅而"亲诸侯"的精神，主动地亲近在下的被领导者、广大民众，这样就可以促进上上下下相亲相辅，从而促进整个关系的协调，求得上下关系的和谐。《系辞传》曰：

> 天之所以助者，顺也；人之所以助者，信也。履顺思乎顺，又以尚贤也。是以自天祐之，吉无不利也。

也就是说，君王委任贤能，与臣下形成相互依赖合作的关系，就能既得到天助，又得到人助。张舜徽先生考证说：

> 古人席地而坐，古之坐如今之跪。汉文帝尝坐宣室，与贾谊谈鬼神，至夜半，不觉两膝之前，曰："久不见贾生，自以为过之，

今不及也。"可见当时君臣亲密无间，无异家人。上推至汉开国之初，高祖尝病甚，恶见人，诏户者毋得入群臣，樊哙独排闼直入。吕后侧耳于东厢，闻周昌谏止高祖废太子。见昌，辄跪谢曰："微君，太子几废。"以母后之尊，至于跪谢臣下，是其时君臣之礼未严也。即秦始皇初并天下，置酒咸阳宫，与群臣议事，发言盈廷，而称制以决之，君臣之间，融融如也。汉承秦制，每事必议。君臣一体，形迹浑忘。下逮唐高宗，每引重臣共食，言尚称名，犹有古之遗风。盖君能爱臣，则臣愿尽力。历代明主行之而致效者，亦已多矣。朱子论及古代君臣相与，有曰："古之朝礼，群臣皆立。至汉，皇帝见丞相起，盖尚有此礼，不知后来如何废了。三代之君，见大臣皆立，乘车亦立，见大臣，谒者赞曰：'天子为丞相起。'古时天子见群臣有礼，先特揖三公，次揖九卿，又次揖左右，又次揖百官。"（见《朱子语类》卷九一）。

大抵时代愈后，皇权愈重，君臣之礼愈严，
至明清而加厉。臣工见君，必跪拜匍匐于地。
形格势紧，不敢仰视，虽有咨询，何由尽
言乎？①

从张舜徽先生的这则考证中我们可以窥见中
国古代君臣关系的大致情况，可知古代君臣不甚
疏远。厚待下属的反面当然是粗暴待下，则必然
陷入凶险境地。关于后一方面的思想，在《旅》
卦中有清楚的说明。《旅》卦下艮上离（☶），艮
为山，离为火。山上有火，火不停地蔓延如同旅
行，因而卦名为《旅》。

《旅·九三》曰：

旅焚其次，丧其童仆，贞厉。

《象》曰：

_____

① 张舜徽著：《张舜徽集·爱晚庐随笔》，华中师范大
学出版社2005年版，第133页。

　　"旅焚其次"，亦以伤矣；以旅与下，其
义"丧"也。

九三阳爻居阳位，位虽正，但过于刚直，而其又
不在中位，难于安定，且居下卦最高位，态度高
傲，以致旅舍为人焚毁，童仆亦弃主而去。在古
代社会中，一般而论，童仆是最效忠于其主人的。
可是在本爻中，当主人遭受失火的危难之际，童
仆却趁机逃遁，甚或其火为童仆有意所为，亦未
可知。之所以出现这种情况，根本原因就在于其
主身处高位，态度过于高傲，以至于粗暴对待下
属，所以才招致了众叛亲离的可悲局面。这一情
景，从反面进一步指明了君主应厚待臣下的道理。

　　其次，《周易》指明上下合志通力合作是处理
好君臣关系的前提和基础。君主厚待臣下，臣下
忠诚，顺从于上，上下和睦，志同道合，事业才
能发展。《升·初六》曰："允升，大吉。"允为
信、诚，升为前进、升进。从卦象上看，《升》卦
（䷭）下巽上坤。具体到初六之爻象而言，初六处

下巽之初，上与六四阴阳无应，升进之力柔弱，单靠自身力量，不能上升，所以从爻象上看，本不吉祥。然其处于事物当升发之时，其上二阳，强而有力，是以构成升进之势。且二阳对初六之求升之心甚为信任，提携其上升。故此，阴求允于阳而得升迁，所以谓之大吉。正因为此，《象》曰：

允升大吉，上合志也。

这里初六得以升迁的关键在于"上合志也"，即得到了九二和九三两阳爻的信任和提携。

《小畜·六四》曰：

有孚，血去惕出，无咎。

意思是说有诚信，忧患已经过去，从忧伤的情绪中摆脱出来，没有灾殃。《象》曰：

"有孚"，"惕出"，上合志也。

《象传》说：有诚信，从忧患的情绪中摆脱出来，是因为与居于上位的阳刚者心志相合。

《周易》告诉我们，志同道合对于君臣关系的协调、事业的成败是十分重要的。中国古代曾出现过文景、贞观、康乾三大盛世，这三大盛世的出现有许多重要原因，但处理好君臣上下关系、上下合志通力合作是一个重要方面。要做到这些，主要看帝王能否具有自省、任贤、纳谏的心胸气度。作为君臣这一矛盾的主要方面是君主，君主做到了自省、任贤、纳谏，臣下就能做到自重、担当、敢谏。孟子对君臣上下关系就有精到的论述：国君和大臣都应有相应的准则、规范和要求，国君要履行君主之道，大臣要履行臣子之道，君臣要以尧任用舜、舜事奉尧为榜样。从国君方面来说，要坚持仁义，将卑贱的人提拔到高贵的人之上，疏远的人安排在亲近的人之上，虚心听取"国人"的意见，经过考察、使用而决定贤愚的任免。同时，国君还要做事认真，有礼貌地对待臣下，接受、听从臣下的谏言，不倚仗自己的富贵权势，亲近有历代功勋的贤良的卿大夫，事事为臣下做出表率，上行下效，国君端正自己的言行，国家就会安定；就臣方面来说，履行谏诤的职责，向君主讲说仁义，敦促君主抛弃错误意见，引导君主坚持仁义之道，辅佐国君治理好国家的事情。孟子将君臣关系作了简单扼要的概括，指出：

> 君之视臣如手足，则臣视君如腹心；君之视臣如犬马，则臣视君如国人；君之视臣如土芥，则臣视君如寇仇。[1]

这表明，君臣之间的关系是有条件的，相对的，臣服从君主是以君主坚持仁义、端正自身为前提条件。君臣之间只有怀着仁义之道相互交往，才能保持两者之间的和谐、融洽，而有利于社会生活的稳定。

历史上的贞观之治可以说是这方面的一个范

---

[1] 《孟子·离娄下》。

例，贞观之治怎样做到君臣上下合志、通力合作的呢？在君臣关系上，贞观君臣有"君臣师友"说与"君臣一体"论。两者均以君臣共治天下为出发点，认为君不可以一人独治。唐太宗明确地说：

> 夫为人臣，当进思尽忠，退思补过，将顺其美，匡救其恶，所以共为治也。①

臣下的职责，对自身来说是"尽忠补过"，于君主来说是"顺美救恶"，这是从臣下的角度说的。唐太宗又说：

> 夫六合旷道，大宝重任。旷道不可以偏制，故与人共理之；重任不可以独居，故与人共守之。②

---

① 《贞观政要·君道》。
② 《帝范·建亲》。

天地是极其广大的，内中蕴含着许多道理，君主要认识到自身责任的重大，不能一人独断，一定要与臣下共同治理，才能守住天下。这是从君主的视野说的。隋炀帝也知晓这一道理，他说："天下之重，非独治所安。"[1] 但他仅是理论上的认识，而行动上却背道而驰。由君臣共治必然延伸出"君臣师友"说与"君臣一体"论，唐太宗对后者表达得很清楚：

> 然耳目股肱寄于卿辈，即义均一体，宜协力同心，事有不安，可极言无隐。[2]

你们这些臣子是我的耳目、股肱，作为君主的我，就把希望寄托在你们身上。既然君臣是一个整体，理当协力同心，发现有什么事情处理不好，就要毫无保留地说出来。

"君臣一体"论，把君与臣看作是相互依存的

---

[1] 《隋书·炀帝纪》。
[2] 《贞观政要·政体》。

统一体，彼此利益相同的政治集团。君主垄断了政治权力与经济利益，臣下的政治前途与经济生活受君主的支配与制约，这是一方面，另一方面，"人君必须忠良辅弼，乃得身安国宁"①。君失去了良臣辅佐，也就失去了权位和保障。"一朝天子一朝臣"这一谚语，通俗而形象地说明了君臣共治的真谛。

既然"君臣一体"，又利害攸关，那么臣子的"极言无隐"和导谏、直谏就是题中应有之义了。贞观三年（629），唐太宗对侍臣说："自今诏敕疑有不稳便，必须执言，无得妄有畏惧，知而寝默。"这是劝导臣子进谏。到贞观四年（630），唐太宗把自己与隋文帝作了比较，说隋文帝生性多疑，"宰相以下，惟即承顺而已"；"朕意则不然"，"皆委百司商量"，臣下觉得诏敕不当之处，"不得顺旨"。贞观六年（632年），又倡导直谏："公等但能正词直谏，裨益政教，终不以犯颜忤

_____

① 《贞观政要·求谏》。

旨，妄有诛责。"贞观十九年（645 年）对侍臣说："朕恐怀骄矜，恒自抑折。"说自己经常想到臣下的直谏，有益于政治的，就把他们当作良师益友。

所以当领导，要有智慧，不要以为身边的人都很听你的话，你就得意忘形，以为自己很有领导水平，没有人敢提出意见，认为自己很有威信，这是缺乏智慧。

所以，最重要的还是我们自己能反省过失。但是有很多时候我们自己犯了过失并不知道，常常都是人一说才明白。因为坏的习气、毛病养成不是一天两天，可能是很久，几年、十几年，甚至几十年，要改掉很不容易。

人不知道自己的过失，过失会越来越多。过失一积累，就会留下巨大的隐患，甚至给自己带来祸害。所以一个领导者身边最重要的是要有直言进谏的人，这样就能减少领导者的过失。我们做人也是这样，对待自己周围的人，都要真正关心、提醒别人。对朋友，能够提醒；对父母，能够劝谏。一个人的智慧毕竟有限，领导者身边如果没有直言进谏的人，阿谀奉承、谄媚巴结的人就会靠近，决策就容易错误，这样领导者或衰或败是必然的事情。

汉文帝重用贾谊

贾谊（前200—前168），河南郡洛阳（今河南洛阳市）人。贾谊自小聪颖，才思敏捷，又喜爱读书，学习刻苦，十几岁时以能诵读诗书、善写文章为人们所称道，被称为"洛阳少年"，又被称为"贾生"。河南郡的地方长官吴公，慕贾谊之名，就把他请去留在身边。后来，吴公被调到朝廷任廷尉，便把贾谊也一同带到西汉的都城长安，并把他推荐给汉文帝，任命他为博士。博士是官名，专管讨论和制定各种礼节、礼仪、法度，并且可以根据儒家经书的教义讨论朝政。贾谊被任为博士之后，为他施展才华提供了用武之地。

贾谊担任博士时年仅二十多岁，许多头发花白的老博士都看不起他，但是不久，贾谊的才干就逐渐显露出来。汉文帝见贾谊才华出众，便十分器重他，不到一年的时间，提升他为太中大夫（专管议论国家大事的官员），参与朝政。在这一时期，贾谊向汉文帝提出了许多好的建议，有名的《论积贮疏》就是在这一时期写的。

贾谊在《论积贮疏》中向汉文帝讲，要巩固国家政权，首先要安定民心，解决百姓的生活问题。他说："只有仓库里装满了粮食，人们才能懂得讲究礼节；只有丰衣足食，人们才知道羞耻。如果百姓连吃穿都顾不上，要想把他们治理好，那是从来没有听说过的事情。汉朝立国已经三十多年了，可是目前还如此贫困。如果发生一场灾荒，那么朝廷拿什么救济灾民？如果发生一场战争，那么朝廷又拿什么来供给几十万军队？如果灾荒和战争同时发生，那么，社会秩序就要大乱，有勇气的人就会乘机闹事，到那个时候再设法挽救，还来得及吗?"因此，贾谊认为要挽救眼前这种危机，只有采取重农抑商的方法，让人们都去参加农业生产，增加生产的人，减少消费的人，提倡节俭风气，改变奢侈习惯，使国家尽快富强起来。汉文帝看了《论积贮疏》后，认为贾谊说得很有道理，便采纳了他的建议，接连两次发出通令，提倡发展农业，并且还制定了一些发展农业生产的措施，使西汉王朝逐渐富强起来。

贾谊在任太中大夫的两年多时间里，表现出出众的政治才能，他提出的重农抑商、提倡节俭的建议，收到了很好的效果。除此之外，贾谊还对国家的政治制度、政策法令、官制礼仪、音乐历法等进行了认真的研究，提出了许多革新意见。后来因为朝廷内争，贾谊被排挤出朝廷，派给长沙王吴产做太傅。当时的长沙是一个偏僻荒凉的地方，而长沙王吴产又是唯一的一个异姓王，地方最小，力量最弱，把贾谊降到这样的地方去做官，是对他的沉重打击。到了公元前 173 年，汉文帝把贾谊召回长安，并且在未央宫的宣室（未央宫是汉文帝居住的宫廷，宣室是未央宫的正室）与贾谊谈到深夜。但可惜的是，汉文帝与贾谊谈的不是安邦治国的大事，而是关于鬼神的事情。不久，汉文帝把贾谊调到梁国（今河南商丘一带），给梁王刘胜做老师。

贾谊到了梁国后，汉文帝经常就一些重大问题征求他的意见，贾谊也不时上疏，对一些事情表明自己的看法。著名的《治安策》就是在这时写的。在《治安策》中，贾谊向汉文帝说："天下的事情，可忧虑的事情很多。诸侯不论亲疏，大抵强者先反，要想使国家长治久安，就应该削弱诸侯的力量。今应痛哭的有一事，就是诸侯王分封，力量难制；应流涕的有二事，一是匈奴不断侵扰，二是御侮缺乏人才；应悲叹的有六事，就是奢侈无度，尊卑无序，礼仪不兴，廉耻不行，太子失教，臣下失御。总之，自古至今，与民为仇者，有速有迟，而民必胜之。"贾谊作为一位有远见的政治家，不仅很早就提出诸侯王分封和匈奴的问题，而且还提出了一些具体的解决办法，对汉文帝和汉景帝彻底消除诸侯王的隐患起了相当大的作用。

为了治理好西汉王朝，汉文帝还多次鼓励臣下积极进谏。"文景之治"之所以成为封建社会的盛世，与文帝个人励精图治是分不开的，他即位不久，就废止诽谤妖言之罪，使臣下能大胆地提出不同的意见。秦代以来有所谓"秘祝"之官，凡有灾祥就移过于臣下。文帝十三年（公元前151）年诏废除并且说明：百官的错误和罪过，皇帝要负责。次年，他又禁止祠官为他祝福。譬如当时中央集权与地方割据势力之间的矛盾非常尖锐，文帝采纳了贾谊强干弱枝的政策，多封了一些诸侯，缩小了原来封国的地盘，削弱了诸侯王的力量。为了广泛听取民众的意见，汉文帝下诏说："古代治理天下，朝廷门前设有进善言的旌旗，立有批评的柱板，是为了使上下通达而广开言路。而当今的法律有'诽谤妖言'之罪，这就使得众臣不敢做到知无不言与言无不尽，而皇上也就无法听到过失了。这怎么能让远方的贤良来批评朝政？应该废除。百姓有时诅咒君上，开始互相要约而后来又互相欺诳，这种只有犯罪动机而无犯罪行动，官吏以为是大逆不道，若有其他言论，官吏又加以诽谤之罪名，这是小民的愚昧表现，由于不懂法律而触犯死罪，我认为甚不恰当。从今以后，对这种犯罪未遂的不必受理。"

汉文帝的责己自省精神，不仅对保持"文景之治"时期的社会稳定起到了积极的作用，而且对后世也产生了重要的影响。

从《周易》的《升》卦可以看出，一个人的

升迁离不开上级的信任和提携，而要得到上级的信任和提携，就要上下志同道合。上下以诚相待，志同道合，通力协作，关系才能和谐。历史和现实一再表明，再有能耐的下属，要是得不到上级的理解和支持，也是难于升进的。毫无疑问，上级的理解和支持是下属升进的关键。矛盾的主导方面在上级，而上级到底为什么理解和支持下属升进，自然涉及具体、正误等各方面的因素。而"柔顺"和"诚信"，也同样涉及是非、正误等多方面的因素。那种因为一味迎合上级口味的"柔顺"和"诚信"而得以顺利升进者，就不值得提倡和效仿。

《周易》是反对那种一味迎合上级口味不讲原则的"柔顺"和"诚信"的。《系辞传》曰：

> 知几其神乎？君子上交不谄，下交不渎，其知几乎。

就是说，知道事机的微妙吗？君子对上不谄媚，对下不轻侮，就可以知道事机的微妙了。

就一般情况而言，与上级交往容易过分谦恭而偏于谄媚，与下级交往则又容易有简傲而流于渎慢。然而作为君子，则既能达到与上级交往而不谄媚，又能达到与下级交往而不渎慢，无论与上级或下级交往都能做到不卑不亢、恰如其分的程度，这可谓上下交往所应遵循的基本原则。在这个原则下，我们必须强调"上下志向合拍"的公正性、正义性，提倡正气，反对邪气。

董宣"上交不谄，下交不渎"

东汉初年，有一官员名叫董宣。董宣官位虽然不高，但为人正派，刚正不阿。

董宣任北海相时，当地有一个名叫公孙丹的官吏，建了一座富丽堂皇的大宅院。在住进去之前，有人就告诉公孙丹说："这个宅院住不得，容易死人。"公孙丹听信了这一说法，想出一个丧尽天良的办法。他让儿子随意杀死一个过路人，并把人抬进宅院，以破解屋子的晦气。这样，自己的家里人就可以放心大胆地住进去了。当地百姓知道了，没有不感到气愤的，但却敢怒不敢言。董宣得到了手下人的报告，怒发冲冠。他下达了拘捕令，派手下人将公孙丹父子二人捉拿归案，按律当斩。公孙丹的家人和亲信在当地势力很大，他们知道了消息后，就到官府前聚众闹事。董宣并不以为然，他花大力气调查此案，掌握了这帮人犯法的大量证据。他查出他们曾参与王莽的篡权活动，并勾结强盗，危害乡亲。尽管当时有许多阻挠办案的因素存在，董宣还是派部下水丘岑把他们绳之以法。

青州太守是董宣的顶头上司，他是个昏官。他听信了公孙丹家人的一面之词，加上当时收受了公孙家的不少好处，就不分青红皂白，把董宣、水丘岑抓了起来，准备判他俩死罪。在大堂审讯的时候，只要董宣态度稍软一点儿，向太守求情，就可以免于死罪。

但董宣何等正直，岂能做出这样的事情！他当面痛斥太守及公孙一家枉法的行为，使太守恼羞成怒，当下判定董宣、水丘岑死罪。在大牢中，狱卒佩服董宣的为人，但却认为他这样死不值得，劝他找人到太守面前说情，董宣极力反对："想我董宣一世清白，死有何惧，岂能做出如此小人行为？"要上刑场了，行刑的官员为董宣准备了丰盛的酒菜，董宣看了一眼，大声说道："我董宣一生不曾向别人讨得一口饭吃，何况在这将要死的时候呢！多谢了！"正要行刑时，有一人骑马飞驰赶到，高呼："刀下留人！"原来，一些正直的官员把这件事向光武帝做了汇报，光武帝觉得董宣罪不当死，就派特使赶来了解情况。在特使面前，董宣把案情的前前后后说了一遍，最后他说："公孙丹的案子若是办错了，罪在我一个人身上，水丘岑只是奉命行事，请皇上饶了他，董宣一人做事一人当。"光武帝听了特使的汇报，很受震撼。他派人查清了整个案子的真相，赦免了董宣和水丘岑的罪责。不久，光武帝下诏任命董宣为京都洛阳令。

董宣到任后，一如既往地秉公办事，为百姓做了不少好事。或许老天为了考验他，又给他出了一道难题。光武帝的姐姐湖阳公主的管家杀了人，董宣得知情况后，派人捉拿。但因为碍于公主的权威和地位，一直没有成功，后来趁公主出游之际，董宣拦住公主的轿子，指着骑马护轿的那个管家，向公主力陈他的犯罪事实，却遭到公主斥责。董宣义正词严，下令把那个管家在公主面前当场处死。

湖阳公主很是气愤，马上回宫到光武帝面前告董宣的状。光武帝一时也觉得气愤，他想："董宣啊董宣，寡人平时对你够大度的，为何你到时候不讲情面？"他下旨宣董宣觐见。董宣似乎已知道了等待自己的会是什么，他已做好了赴死的准备。光武帝下令当场处死董宣。听了宣判，董宣泰然自若地说道："陛下要处死臣，臣没有办法。但臣请陛下再听臣几句忠言。""你讲！"光武帝应道。董宣大声说道："陛下英明治国，得以兴复汉室天下。现在公主纵容、包庇管家随意伤害百姓，目无国法，何以安民心、治天下？臣一心为国，忠心耿耿，愿以死以示清白！"说罢，一头向殿上柱子撞去，直撞得头破血流。

光武帝见董宣如此刚直，大为震撼。他想，现在只有最后一个办法了。他让人劝住董宣，让其向公主赔罪，董宣不肯。光武帝无奈，就让太监按住他的头，强迫他服从。可是董宣带伤硬撑着，就是不肯低头认错。光武帝见他竟然这般模样，内心倒也多了几分喜欢，就反而劝姐姐把这件事忘掉算了。湖阳公主见光武帝不肯帮她，也只好作罢了。

经历了这件事，光武帝越来越认为董宣是个难得的人才。他封董宣为"强项令"，赏钱三十万。平时，董宣对手下人一直很好，常询问他们生活是否有困难。这笔赏钱董宣分文未取，全部分给了手下人，算是对他们办案的奖赏。

此后，董宣的名气更大了。老百姓都很喜欢、爱戴他，有了冤屈就放心大胆地向他诉说，且总能得到公平的解决。

综上所述，《周易》关于君臣和谐的论述中蕴含着协调上下级关系使之和谐的智慧。在今天，上下的关系亦即领导者与被领导的关系，仍然是社会存在的一种人际关系。如何处理好这种关系，不仅关系到群体活动、公共事业的开展，而且影响到社会的团结和安定，《周易》中为我们提供的上厚待下、上下合志等协调上下级人际关系的智慧无疑会给我们带来莫大的启迪。